VLADIMIR FÉDOROVSKI
SECRETS ET CONFIDENCES

DU MÊME AUTEUR

AUX ÉDITIONS DU ROCHER

Le Fantôme de Staline, 2007; prix de droit de mémoire.
Le Roman de l'Orient-Express, 2006; prix André-Castelot.
Le Roman de la Russie insolite, 2005.
Diaghilev et Monaco, 2004.
Le Roman du Kremlin, Le Rocher-Mémorial de Caen, 2004·
   prix Louis-Pauwels, prix du meilleur document de
   l'année.
Le Roman de Saint-Pétersbourg, 2003; prix de l'Europe.
L'Histoire secrète des Ballets russes, 2002; prix des écrivains
   francophones.
Les Tsarines, 2002.

CHEZ D'AUTRES ÉDITEURS

Paris-Saint-Pétersbourg : la grande histoire d'amour, Presses
   de la Renaissance, 2005.
Les Deux Sœurs, Lattès, 2004; prix des Romancières.
La Guerre froide, Mémorial de Caen, 2002.
La Fin de l'URSS, Mémorial de Caen, 2002.
De Raspoutine à Poutine, les hommes de l'ombre, Perrin-
   Mémorial de Caen, 2001; prix d'Étretat.
Le Retour de la Russie, en coll. avec Michel Gurfinkiel,
   Odile Jacob, 2001.
Le Triangle russe, Plon, 1999.
Le Département du diable, Plon, 1996.
Les Égéries romantiques, en coll. avec Gonzague Saint Bris,
   Lattès, 1995.
Les Égéries russes, en coll. avec Gonzague Saint Bris, Lattès,
   1993.
Histoire secrète d'un coup d'État, en coll. avec Ulysse
   Gosset, Lattès 1991.
Histoire de la diplomatie française, Éditions de l'Académie
   diplomatique, 1985.

ISABELLE SAINT BRIS

VLADIMIR FÉDOROVSKI
SECRETS ET CONFIDENCES

éditions du
ROCHER

À maman
À Natalia Petrovna

« Les révolutions sont commencées par les rêveurs, poursuivies par les imbéciles et récupérées par les salauds. »

Alexandre Yakovlev

Prélude

Ce livre n'est pas une biographie à proprement parler, il est le fruit de nombreuses confidences recueillies durant mes voyages en Russie ces vingt dernières années, à l'époque de la chute du communisme, de la fin de la guerre froide, de la percée de la liberté. Le fruit aussi d'une recherche personnelle sur la Russie, ce pays dont toute une génération de Français écoutait avec une certaine inquiétude les battements de cœur, de l'autre côté du rideau de fer. Notre histoire est liée, et depuis bien plus longtemps d'ailleurs. Mais ces dernières années du XXe siècle furent essentielles, car, dans ce pays qui possédait dix mille têtes nucléaires et une longue tradition de violence, la chute du régime totalitaire aurait pu se terminer dans le sang, les guerres civiles, voire dans l'apocalypse mondiale. Pourtant, il n'en fut rien. Ceci est le résultat de l'action de quelques grands acteurs de cette époque, des hommes de paix : Jean-Paul II, Mikhaïl Gorbatchev, Alexandre Yakovlev... Mais aussi d'autres réformateurs, dont Vladimir Fédorovski, qui, selon la formule consacrée du poète russe Lermontov, est devenu en quelque sorte *un héros de son temps*.

« Quelle vie ! Que de vies ! » s'exclama Bernard Pivot en interviewant Fédorovski dans *Double je*. Trois vies, dirons-nous. La première, longue de vingt ans, lorsqu'il fut diplomate représentant du Kremlin, durant les années soixante-dix à quatre-vingt-dix. La deuxième, courte, mais combien décisive, lorsqu'il quitta la carrière pour entrer dans l'opposition en 1990-1991 et participer à la mise à mort du régime totalitaire en Russie. La troisième : sa vie d'écrivain.

Mener une enquête sur ce personnage haut en couleur n'est pas aisé, car les méandres de son destin peuvent brouiller les pistes.

Qui est-il au fond ? Le diplomate chevronné qui fréquenta Gorbatchev et Eltsine, Mitterrand et Chirac pendant sa première vie ? Celui de sa deuxième vie, le combattant de la liberté, porte-parole du Mouvement des réformes démocratiques et résistant contre le coup d'État fomenté par le KGB en août 1991 ? Ou encore, le Fédorovski de ces dernières années, auteur de nombreux succès rédigés en français et traduits dans vingt-deux pays, qui vient de sortir son vingtième livre ?

Certes, Fédorovski a observé les coulisses et les arrière-cours du Kremlin, pourtant, il n'apprécie guère qu'on exagère son rôle. Déclarant préférer « être à paraître », notre héros – que son honorable ami Alexandre Yakovlev n'hésita pas à me désigner, mi-sérieux, mi-railleur, comme un « Chateaubriand repensé à la russe » – ne s'est jamais présenté en acteur, mais exclusivement en observateur privilégié des événements majeurs de la fin du xxe siècle.

Cependant, ce conteur-né, qui, à partir de 1992 donna également des cours à HEC sur les réformes économiques à l'Est, ne se gargarise pas de cette exagération malicieuse, car sa hantise est de rester lucide et d'éviter de « se bercer d'illusions » afin de « ne pas tomber dans le piège où risquent de se perdre les hommes de lettres en général, et les écrivains russes en particulier... ».

Aurait-il fait un bel espion ? L'a-t-il été ? Il ne s'offusque pas qu'on le prétende et s'en amuse même en ajustant avec un brin de provocation son feutre mou. En tout état de cause, le destin de Vladimir Fédorovski n'est pas commun. Être diplomate, c'est posséder l'art de la négociation et du compromis ; c'est aussi savoir avaler des couleuvres sans sourciller. Tout le monde n'a pas ce talent.

– La chance m'a bien accompagné, j'ai simplement eu la bonne fortune d'être là où il fallait au bon moment ; de rencontrer les gens opportuns ; de savoir plaire ou me rendre utile. J'étais un diplomate habile, dit-il avec une humilité teintée de fierté.

Pour parcourir les trois vies de ce Russe français, nous allons voyager dans l'espace et le temps, à travers les confidences de ses collègues, des personnes qui l'ont croisé, et évidemment de ses proches. Je voudrais que les lecteurs retiennent au moins les trois noms qui vont revenir au fil des pages : notamment sa mère, **Natalia Petrovna**, sa femme **Irina**, ou encore **Alexandre Yakovlev**, l'idéologue de la perestroïka. Ainsi, je l'espère, pourrons-nous poser un « nouveau regard » sur Vladimir Fédorovski.

Ma Russie

Ma rencontre avec l'âme slave s'est faite à travers les œuvres des compositeurs qui ont bercé ma prime jeunesse : Tchaïkovski, Smetana, Dvořák, Borodine... À cette époque, mon personnage emblématique s'appelait Anna Pavlova, célèbre première ballerine des Ballets russes. Lorsque nous jouions, enfants, chez ma grand-mère, mes cousines et moi, chacune endossait un personnage : l'une était une princesse, l'autre une gitane, et moi, Anna Pavlova...

Mais ma mère travaillait à l'Otan, la guerre froide battait son plein et il était inconcevable, pour l'heure, que cette passion de la Russie sortît du domaine de l'imaginaire.

Cette musique slave du XIXe siècle m'ensorcelait. À travers elle je voyais les immensités blanches bordées de bois et j'entendais les grelots des troïkas ; je voyais les ruisseaux devenir des rivières, passer dans des gorges et s'apaiser en arrivant vers l'estuaire, longeant des clochers à bulbes tous plus beaux les uns que les autres. Cette musique du XIXe siècle me donnait une impression romantique de la Russie éternelle.

Puis il y eut l'insurrection de Budapest à l'automne 1956. Un soir, alors que je dormais, ma mère entra dans ma chambre sans allumer et se dirigea vers l'armoire. « Rendors-toi », me dit-elle. Ce que je fis. Le lendemain au petit déjeuner, j'appris que les Soviétiques avaient envahi la Hongrie et que maman était allée porter des vêtements pour les réfugiés. Me souvenant de l'épisode de la nuit, je me précipitai alors devant l'armoire de ma chambre. Vide. Tous les costumes de mon père, disparu trois ans plus tôt, n'étaient plus là. Cela, ce n'était pas grave. Le drame, c'est qu'il y avait un de ses gilets de costume qui m'arrivait aux mollets et que je portais souvent pour jouer, comme une seconde peau. Je me sentis soudain si seule... Ainsi, cette énorme et effrayante machine à broyer les hommes que j'imaginais en entendant la marche de *L'Amour des trois oranges* de Prokofiev (très souvent diffusée à la radio dans les années cinquante), prit corps en ce 5 novembre 1956. La Russie réelle, c'est-à-dire l'Union soviétique, se dévoila implacablement à moi. Ce matin-là, je me rendis à l'école la mort dans l'âme... Ma Russie n'était plus.

Puis j'ai grandi, tout en gardant en mon jardin secret les images en noir et blanc, en soupirs et en silences, de ma Russie éternelle, jusqu'à ce que le destin me mène enfin vers ce pays libéré de sa machine infernale, dans les années quatre-vingt. J'habitais alors à Paris non loin du boulevard Lannes où se trouve l'ambassade soviétique tristement surnommée le « bunker ». J'emmenais souvent mon bébé au square Debussy. Plusieurs jeunes femmes russes étaient là avec leurs enfants, toujours sur les mêmes bancs, ceux situés du côté du morne bâtiment gris. J'aurais tant aimé leur parler, mais malgré mes approches, jamais elles ne daignèrent même me décrocher un sourire. Tout juste si elles ne me tournaient pas le dos. (Elles avaient effectivement ordre de ne pas se mêler à la population française.) Installée sur le banc d'en face, je regardais jouer les enfants quand une femme vint s'asseoir près de moi. Cela faisait quelque temps que je la voyais arpenter le jardin d'un pas résolu, tête baissée, les mains derrière le dos, l'air renfrogné, presque méchant. Je songeais en moi-même qu'elle devait être dérangée... Nous engageâmes la conversation par le sempiternel : « Il fait beau aujourd'hui. »

– Vous en profitez pour vous promener, dis-je encore brillamment.

– Non ! répondit-elle en pointant le menton vers l'ambassade, je prie pour la conversion de la Russie...

En ce printemps de 1986, le vent de la liberté avait déjà commencé à souffler en Russie. Dans le domaine politique, les choses n'allaient pas encore si mal. Si l'arrivée au pouvoir de Mikhaïl Gorbatchev en 1985 n'avait rien changé à la vie matérielle des Russes, elle était cependant à l'origine d'un événement aux conséquences majeures : la mise à mort du soviétisme. La peur, qui réduisait jadis les discussions politiques aux anecdotes et permettait au pouvoir de se dispenser de l'emploi de la terreur, semblait balayée. Pourtant, au bout de deux années de perestroïka, seulement quelques milliers de jeunes avaient osé s'organiser à visage découvert, au sein de clubs informels, pour exprimer leurs pensées. Le phénomène restait donc marginal. Quant aux grands intellectuels de Moscou, ils se refusaient à y participer, craignant un retour à la répression.

Quelque temps plus tard, alors que je regardais le journal télévisé, je tombai sur un Russe. Roulant les « r » avec cet accent inimitable, l'homme nous « expliquait » la perestroïka. C'était Vladimir Fédorovski. En le voyant, je me demandai quelle pouvait être la vie de ce garçon, le chemin parcouru pour arriver là, devant des millions de téléspectateurs.

15

Les prières de la dame du square avaient-elle reçu un écho ? Comme beaucoup à cette époque, je restai néanmoins dubitative face au vent de liberté qu'il prétendait faire souffler de son pays...

Quelques mois plus tard, j'eus l'occasion de rencontrer le phénomène en notre beau Maine-et-Loire, par l'intermédiaire de mon beau-frère Gonzague, alors qu'ils écrivaient ensemble *Les Égéries russes* dans la maison familiale.

Irina de Chikoff, dans le portrait qu'elle a brossé de Fédorovski, écrivit avec finesse dans *Le Figaro* : « Parfois il vous regarde comme un chien battu ; mais soudain il se tourne et l'éclat trop vert de ses yeux révèle un homme qui n'ignore rien des abîmes de l'âme humaine. »

Et pour cause, après les bouleversements de la perestroïka, l'effondrement de l'URSS, le passage de la Fédération de Russie d'Eltsine à « l'économie de marché », Fédorovski s'est senti – utilisons encore la formule du poète Lermontov cité plus haut– « un homme de trop » dans son pays [1].

Ainsi s'est-il libéré de ses chaînes, des clans, lobbies et réseaux enivrés de puissance, en quittant la diplomatie pour embrasser une carrière d'écrivain en France. Personne ne l'a contraint à abandonner la carrière diplomatique. Il l'a fait parce qu'il a agi en homme libre, avec son cœur, son courage et sa détermination ; pour la liberté. D'ailleurs, la création littéraire est à ses yeux une des formes suprêmes de la liberté.

---

1. Cette notion est une des constantes de la littérature russe depuis le début du xixᵉ siècle. À la vérité, chaque génération de ce pays a eu, depuis lors, ses « hommes de trop ».

Les Trois gares ou les racines [1]

Afin de marcher sur les pas de notre héros et découvrir ses origines, je me rendis en Russie pour y rencontrer sa mère.

Après un séjour à Saint-Pétersbourg, où j'étais allée sur les traces de mon ancêtre qui, au xviiie siècle, séjourna à la cour de Catherine II et fut élu membre de l'Académie de Russie, je débarquai à Moscou sur la place des Trois-Gares, quartier où Vladimir passa son enfance.

Trois gares.

– Ces mots, en russe, évoquent certes la Trinité chrétienne, mais aussi les triades du chamanisme et des vieilles sorcelleries, explique-t-il.

Le train : un leitmotiv dans l'œuvre de Fédorovski. Le train qui ramena Lénine, le train des réfugiés, des déportés sous Staline, le train qui le mena à Paris, le transsibérien ou encore l'Orient-Express...

Je fus très impressionnée par ce surprenant quartier formé de part et d'autre d'une place triangulaire par trois embarcadères ferroviaires : les gares de Leningrad, de Iaroslav, et de Kazan, chacune représentant les

_____

1. Voir annexe 1.

différentes facettes du pays. Nous y retrouvons un classi-
cisme pur pour Saint-Pétersbourg; un éclectisme bariolé,
à la fois « national russe » et Art nouveau pour Moscou;
un style baroque orientalisant représentant les immenses
espaces de la Russie profonde.

Pendant l'enfance de Vladimir, ces trois gares consti-
tuaient un étonnant espace de liberté, car de l'une à
l'autre, le flux des voyageurs était tel que la police secrète,
ayant à affronter les passagers de centaines de trains, relâ-
chait ses contrôles. Les salles d'attente où dormaient les
voyageurs en transit, assis sur les banquettes de bois ou
affalés à même le sol, étaient bondées (et le sont toujours
d'ailleurs). L'heure venue, réveillés par les miliciens, ils se
hâtaient de quai en quai, portant à bout de bras valises,
ballots et cageots. Les Moscovites échangeaient les produits qu'on ne trouvait que dans la capitale contre ceux
qu'on ne produisait que dans telle ou telle province.
C'était la pénurie, mais aujourd'hui l'économie de marché a tout changé. De nouveau, les chasseurs viennent y
vendre leur gibier et les marchands ambulants vantent à
la criée les saumons venant du Nord; des charcutiers
alignent au plafond des guirlandes de saucisses que les
amateurs accompagnent de vodkas variées comme l'ukrai-
nienne au poivre, la biélorusse aux herbes sauvages, et,
pour les femmes, la fameuse Klukovka, délicieusement
parfumée aux baies.

À la sortie du train, je vis des femmes arpenter le quai,
une robe neuve à vendre plaquée sur le corps comme un
drapeau, ou encore présentant des flacons de parfum. Plus
loin, d'autres essayaient de la lingerie sur leurs vêtements.
Sur les quais flottait une odeur de soupe aux choux
(comme dans les aéroports). Une *babouchka* en fichu sou-
levait les couvercles de ses soupières dans lesquelles mijo-
taient des potées aux choux, à la betterave, et de la soupe

de poissons d'eau douce. Au milieu d'un grouillement incessant, de minces jeunes filles débarquées de Sibérie cherchaient du regard un futur protecteur. (Avec leurs yeux vert amande, leurs pommettes saillantes, leur peau nue sous les manteaux de fourrure, elles représentent pour les visiteurs étrangers tous les charmes de l'Empire éclaté.)

Un pope, en robe et mitre, la barbe bien taillée, se trouvait à côté d'un prédicateur en haillons. La foule s'écartait avec un même respect devant les deux hommes de Dieu.

Quelle leçon que ce marché implacable, insatiable, des ressources vivrières! Quelle lueur de l'âme et de l'esprit russes au-delà des frontières, des siècles et des régimes! Sur cette place des Trois-Gares réapparaissaient sous mes yeux ébahis les personnages de la Russie éternelle rencontrés pendant mon enfance, les fols en Christ, les vieux sages, les prophètes et les mages. Ces images défilaient comme des tableaux des peintres «ambulants» de la galerie Tretiakov qui aimaient tant les scènes de la vie quotidienne.

Cette place est la clef de voûte de l'œuvre de Fédorovski. C'est dans ce quartier que tout a commencé.

De là, je marchai jusqu'à la rue Spartakovskaïa, où, au n° 6, habitait Natalia Petrovna, la mère de Vladimir. Spartakovskaïa! Cette partie du quartier des Trois-Gares est l'ancien faubourg des étrangers, ou littéralement «faubourg des gens venus d'ailleurs», devenu célèbre grâce à Pierre le Grand, occidentaliste par excellence. Avant de fonder Saint-Pétersbourg en 1703, le fougueux jeune tsar Pierre vivait à Moscou et passait beaucoup de temps dans ce faubourg des gens venus d'ailleurs. Depuis son enfance, beaucoup de ses amis, de même que les principaux ennemis contre lesquels il guerroyait, étaient des Européens. À la différence de ses prédécesseurs et de ses successeurs sur le trône de Russie, ce monarque de deux mètres de haut ne souffrait pas d'un complexe d'infériorité à l'égard de l'Europe, cette maladie russe traditionnelle. Il ne voulait pas imiter l'Europe; selon Joseph Brodsky, poète et Prix Nobel de littérature : « Il voulait que la Russie fût l'Europe, tout comme lui-même était, au moins en partie, un Européen. » Dans ce faubourg des étrangers, le tsar Pierre avait de bons amis, pour la plupart des aventuriers. Il y apprit avec eux l'argot de chaque langue. Ainsi, lorsqu'il vint en France pour rencontrer Philippe d'Orléans, neveu de Louis XIV, il négocia en français avec le Régent et son ministre des Affaires étrangères, Guillaume Dubois. Celui-ci raconta : « Lorsque je parle avec le tsar en français, je me demande qui a bien pu lui enseigner notre langue. Il ne connaît aucun mot courant mais use d'expressions qui feraient rougir les dragons de nos régiments. Je l'ai entendu une fois à Versailles jurer d'une telle façon que les valets d'écurie en sont restés bouche bée. »

Après un quart d'heure de marche, j'arrivai en plein cœur de ce quartier historique, devant un bel immeuble d'architecture typiquement stalinienne.

La mère de Vladimir m'accueillit dans son appartement. (Précisons que les appartements à Moscou sont bardés de portes isolantes, de grilles et de judas.) Auprès d'elle se tenait son petit-fils, un gaillard d'une vingtaine d'années, doté du même regard que son oncle. D'un ton assez autoritaire, elle l'envoya chercher le thé (la boisson préférée des Russes). Pendant ce temps, nous nous souriions en nous dévisageant, tandis que je tentai de lui baragouiner ma joie de la rencontrer. « Grâce à mon petit-fils, je parle un peu le français », me rassura-t-elle. Au début, nous échangeâmes des paroles assez banales. Passionnée par l'histoire de son pays, j'avais envie de lui poser un tas de questions, mais je ne pouvais pas d'emblée l'assaillir ainsi. Je lui proposai alors de revenir un autre jour.

– Vous avez déjà visité le Kremlin, n'est-ce pas? m'apostropha-t-elle. Bien sûr, tout le monde va au Kremlin et à Saint-Pétersbourg! Mais connaissez-vous la Moscou sainte, avec ses six monastères? Vous pensez! Tous ces clochers extraordinaires avaient leur place dans ma tête et je les ai si souvent reproduits dans mes tableaux. J'avais également visité le couvent le plus connu, Novodevitchi [1].

Natalia Petrovna m'attira alors vers la fenêtre d'où resplendissaient les bulbes dorés de l'église bleu et blanc de l'Épiphanie d'Elokhovo.

– La vue de cette église a accompagné Vladimir toute son enfance, vous aurez l'occasion de la visiter. Mais, pour que vous compreniez bien d'où nous venons, poursuivit Natalia Petrovna, je vais vous emmener au monastère Saint-Serge. Vous qui aimez tant peindre nos bulbes, vous serez éblouie. Pour déchiffrer la particularité des Russes, conclut-elle, il convient de remonter assez loin dans le temps.

---

1. Un couvent de nonnes. Fondé au XIVe siècle sur la rive gauche de la rivière Iaouza, ce monastère faisait partie du système de forteresse protégeant Moscou. Si son aspect actuel date du XVIIe siècle, il fut néanmoins fondé en 1524 sur le Champ des Vierges où des jeunes filles furent livrées aux Mongols pour payer la dîme des Moscovites. Le cimetière est depuis longtemps un haut lieu de pèlerinage pour les Moscovites.

Saint Serge ou la clef de l'Histoire

Au XIVe siècle en effet, la Russie divisée vivait une période particulièrement sombre de son histoire. En proie au chaos et soumis aux dévastations des Tartares, le peuple ne nourrissait aucun espoir de voir son sort s'améliorer. Les invasions tartaro-mongoles, outre les ravages qu'elles causaient, vidaient les campagnes car les hommes étaient vendus comme esclaves. Ainsi pouvait-on acheter à Venise un Russe ou un orthodoxe. C'est d'ailleurs de l'adjectif latin *sclavus,* slave, qu'est tiré le mot esclave.

À dire vrai, je connaissais bien l'histoire de ce monastère qui fut créé par un ermite nommé Serge. Attiré très tôt par la vie monastique, il avait attendu que ses parents aient quitté ce monde pour accomplir son vœu. Ce fils d'un boyard de Rostov, qui avait appris à manier les armes autant qu'à respecter Dieu, s'en était allé à cheval par-delà la forêt de Radonège. Là, il fut attiré par une lumière mystérieuse qui le précéda un long moment avant de s'arrêter devant une source. L'endroit convenant parfaitement à l'isolement dont Serge avait besoin, il y érigea une cellule en bois. Ses années de solitude et d'épreuves lui valurent une réputation de sainteté qui attira peu à peu moines et ermites, puis les princes et les boyards ne tardèrent pas à venir demander conseil au *sta-*

retz, ce moine ou ermite choisi comme maître spirituel par d'autres moines ou par des laïcs.

La petite communauté monastique s'agrandit et reçut un nombre croissant de fidèles.

– Toute sa vie, racontait Mme Fédorovski, Serge accomplit des prodiges. Il possédait entre autres le don d'ubiquité et pouvait aussi approcher les ours qui venaient à lui.

Avec sa bénédiction et selon ses prédictions, le grand-prince Dimitri remporta la bataille de Koulikovo [1] contre les Mongols. Cette victoire marqua le début de la libération de la Russie. Le peuple russe écrasé sous la botte du conquérant se redressa pour ne plus jamais courber la tête devant l'agresseur. Pour cette raison, les Russes se souviennent avec gratitude de ce combat qui a eu lieu voilà plus de six cents ans. L'ardeur spirituelle initiée par Serge prit une ampleur formidable et se répandit à travers toute la Moscovie. En cinquante ans à peine, plus de cent cinquante monastères furent édifiés.

Avant de mourir, en 1392, Serge reçut la vision de la Vierge accompagnée de saint Pierre (sur cette pierre...) et de saint Jean-Baptiste. Pour beaucoup, cette apparition montra la voie : après la conversion au christianisme d'une grande partie de la Russie au IXe siècle, sous l'impulsion de saint Vladimir de Kiev, les Russes vivaient là un second baptême. Toute la Moscovie se sentit alors investie d'une mission divine, trouvant son salut dans cette extraordinaire aventure spirituelle. Ainsi, depuis cette époque, les Russes se considèrent comme un peuple élu. Qu'un homme se nourrissant peu, vivant en parfaite symbiose avec la nature, parlant avec les animaux

---

1. Voir annexe 2.

sauvages et pratiquant en permanence la prière intérieure ait suscité une telle flamme, illustre bien le caractère passionné des Russes. Et que Natalia Petrovna m'invitât à me rendre à ses côtés à Saint-Serge me semblait de bon augure. J'allais peut-être enfin pénétrer les facettes obscures de cette civilisation qui me semblait si proche et à la fois si lointaine...

Trois jours plus tard, un ami de la famille nous y conduisait. L'horizon était dégagé à perte de vue, laissant apparaître la rondeur de la terre et du ciel. La fraîcheur des vergers, remplis d'une brume bleutée que trouaient çà et là les éclats lumineux du soleil matinal, m'enivrait.

Le monastère se trouvant à une soixantaine de kilomètres de la capitale, nous eûmes le temps de voir le soleil monter dans le ciel, illuminant les allées d'érables d'un vert neuf, et la route qui paraissait nappée d'huile et brillait sous ses rayons obliques. Les prés encore un peu humides exhalaient un parfum printanier. Natalia Petrovna m'avoua qu'elle n'avait pas fait ce trajet depuis des années.

– Ce lien avec l'invisible, cette irrationalité, ce fatalisme qui semblent vous être propres ne sont-ils pas eux-mêmes une conséquence de l'histoire et de la politique, de la géographie et du climat de votre pays ? me risquai-je.

La vieille dame fixa sur moi son regard bleu.

– Vous nous connaissez donc un peu! dit-elle, admirative et moqueuse.

Elle poursuivit :

– Une conséquence de l'Histoire et de la politique, certainement, parce que le pouvoir russe, souvent autoritaire, a toujours été perçu comme une idole écrasante et dominatrice. Et ne vous leurrez pas, le double phénomène de la chute du communisme et de la fin de l'Empire n'a pas signé la fin de cette histoire, loin de là! Il a provoqué vide, angoisse et désarroi. Quant à la géographie et au climat, vous avez aussi raison parce que, dans ces vastes plaines tantôt nues, tantôt couvertes de forêts, l'homme se sent bien petit face à une nature pas toujours généreuse. Une pareille terre incline l'âme à la mélancolie, à la méditation, et souvent au mysticisme.

Tout homme d'action qu'il fut – et qu'il est quand on le voit se battre pour exprimer sa pensée –, Vladimir Fédorovski assume cet héritage. Ces phénomènes sont-ils la force ou la faiblesse de cette civilisation ? Pour lui, ils sont le reflet de ce que l'on appelle le charme slave. Cependant, il y distingue les deux faces d'une même culture : l'une profonde et souvent spirituelle, l'autre « bizarre et burlesque ».

– Les excès de l'histoire russe ont trop souvent débouché sur des tragédies, des catastrophes, des fleuves de sang, s'enflamme-t-il. Notre pays a subi d'inimaginables souffrances au XXe siècle !

Les historiens avancent en effet le chiffre de cent millions de morts ou empêchés de naître, tragique addition des victimes de la révolution de 1917, de la guerre civile contre les armées blanches, de la Seconde Guerre mondiale avec celles du communisme combinant déportations, dékoulakisation, purges, famines, goulag, etc.

Le silence frais de cette matinée était brisé par le chant d'une multitude d'oiseaux heureux de saluer le printemps.

Après la traversée des remparts par la Porte Sainte, au bout d'une allée bordée d'arbres, apparurent les époustouflants bulbes bleus piqués d'étoiles d'or couronnant la blanche cathédrale de l'Assomption. L'enceinte du monastère de la Trinité-Saint-Serge renferme treize églises. Tous les bâtiments sont peints de couleurs éclatantes. Le rouge et le blanc rivalisent avec les jaunes et les verts les plus vifs. Sur la petite église en bois des origines fut édifiée, en 1422, la cathédrale bleu ciel et blanc de la Trinité où reposent les cendres de saint Serge.

Dans le coin du jardin, un moine parlait avec des pèlerins autour d'un four creusé à même la terre, où se préparait une appétissante bouillie de millet garnie de lard ; le soir, on y mettrait à chauffer le samovar.

Prévoyante, Natalia Petrovna avait apporté du pain, des cornichons et du saucisson à l'ail. Notre chauffeur ayant préféré nous laisser seules, nous dégustâmes notre déjeuner après avoir visité les églises et assisté à un office.

La vieille dame évoqua alors son enfance. Elle était née le 30 août 1912 dans une bourgade nommée – je vous le donne en mille – Parigi ou Paris ! Et les anciens propriétaires de ce village situé aux environs d'Orel, dans le cœur même de la Russie [1], n'étaient autres que... les Tourgueniev !

L'écrivain Ivan Tourgueniev (1818-1883), ami de Flaubert et des Goncourt et parrain littéraire de Maupassant, assista au cours d'histoire de Gogol à la faculté de philosophie de Moscou avant de rencontrer Dostoïevski, puis Tolstoï, avec qui il mena des débats passionnés à Paris. Il mourut dans la datcha qu'il avait fait construire dans le parc de la propriété de ses amis Viardot, à Bougival [2].

Mais en 1914, le père de Natalia fut tué au combat

---

1. Voir annexe 3.
2. Ses obsèques eurent lieu à l'église russe de la rue Daru à Paris. Quant à la propriété en question, il s'agit du château de Courtavenel. Pauline Viardot-García (sœur de la Malibran), mezzo-soprano française d'origine espagnole, apprit le chant avec sa mère et le piano avec Liszt. Elle débuta en concert à Bruxelles. En 1840, elle épousa Louis Viardot, directeur du Théâtre Italien à Paris, qui l'avait engagée l'année précédente. Elle fit des tournées dans toute l'Europe, se passionnant pour la musique russe. Ainsi se lia-t-elle d'une tendre amitié avec Tourgueniev. Elle arrêta les concerts en 1863 et se consacra à l'enseignement et à la composition à partir de 1871. George Sand la prit pour modèle dans son roman *Consuelo*.

pendant l'une des premières batailles de la Grande Guerre (comme les trois quarts de sa génération). Il reçut à titre posthume la croix de Saint-Georges, la décoration militaire la plus prestigieuse de l'Empire des tsars [1]. Pour fuir la famine, la grand-mère de Vladimir partit alors en pleine révolution de 1917 avec sa fille Natalia et sa sœur pour Moscou, où elle trouva une place de concierge dans un ancien gymnasium [2] (collège où, avant la révolution, étaient enseignées les langues anciennes), devenu une des plus prestigieuses écoles soviétiques de la capitale.

Pour la petite Natalia, ce fut une chance inestimable, car, à l'époque soviétique où tout était interdit, cette école représentait curieusement un havre de liberté dont nous ne soupçonnons pas la portée. Les professeurs, éduqués sous l'ancien régime, y enseignaient tout ce qu'ils avaient appris, malgré toutes les contraintes imposées par les bolcheviques. Ainsi cette petite fille fraîchement débarquée du fin fond de la Russie découvrit-elle, entre autres, les auteurs français qu'elle allait plus tard faire lire à son fils, lui donnant à son tour et à jamais le goût de la littérature et de la France.

Quand je demandai à Natalia Petrovna comment sa mère et sa tante avaient ressenti l'arrivée des soviets au pouvoir, elle me répondit simplement :

– Elles ne comprenaient pas ce qui se passait! La guerre avait tout ravagé, mon père était mort, la famine faisait rage. L'instinct de survie nous avait menées à

---

1. Le culte de saint Georges est toujours resté vivace en Grèce et en Russie. L'Ordre impérial et militaire de Saint-Georges, martyr et victorieux, récompensait exclusivement les mérites militaires, des officiers aux simples soldats. Fondé par Catherine II en 1769, il fut supprimé par Lénine et réinstauré par Boris Eltsine.
2. Voir annexe 3.

Moscou, et ma mère avait du travail pour nous nourrir... Finalement, si nous n'avions pas quitté Parigi, je serais sans doute devenue une paysanne, et n'aurais jamais étudié comme j'ai pu le faire. Nous aurions de surcroît pu être tuées quand, en novembre 1929, Staline commença la collectivisation des campagnes, nécessaire, selon lui, pour accomplir tous les objectifs de l'insurrection bolchevique...

En effet, maître de la volte-face, le dictateur amorça des réformes radicales dans le domaine de l'agriculture. Après les ravages de la guerre civile du début des années vingt, disait-il, dans les années trente, seule la restructuration socialiste pouvait relancer l'économie.

Selon mon interlocutrice, l'Union soviétique aurait pu évoluer dans plusieurs directions. Elle aurait pu poursuivre une politique relativement modérée sur le plan économique et social, comme celle de la NEP (nouvelle politique économique instaurée par Lénine en 1921 après la guerre civile). Mais à partir de 1928, ces orientations ne furent plus possibles, car en engageant le pays sur la voie de la collectivisation, Staline porta au pinacle un système de gouvernement totalitaire. Dès lors, le développement allait devenir proportionnel aux possibilités et aux limites du pouvoir central.

Ainsi, lors d'une conférence sur les affaires agricoles en décembre 1929, enterra-t-il la nouvelle politique économique de Lénine : « Après une politique qui consistait à limiter les tendances exploiteuses des koulaks, expliqua-t-il, nous allons exercer une politique de dékoulakisation. »

L'ambitieuse nouvelle révolution de Staline équivalait à un plan quinquennal pour l'industrialisation, financé par la collectivisation totale de l'agriculture soviétique. Mais la majorité des paysans s'opposa à la vision stali-

nienne d'une société égalitaire et fortement industrialisée. Ceux qui étaient parvenus à s'enrichir à la suite des
réformes agraires de Stolypine en 1906, les koulaks, se
montrèrent particulièrement hostiles à ce programme. La
plupart furent envoyés dans les camps ou exécutés...

— Maman et moi avons échappé à ces horreurs,
conclut-elle, alors se plaindre eût été ingrat...

Staline ou la clef de l'URSS

Natalia Petrovna poursuivit ensuite des études d'économie à l'institut Plekanov de Moscou. Cette école devint une pépinière de grands dirigeants de l'ère stalinienne. Le dictateur poussa en effet en première ligne la jeune génération pour remplacer la vieille garde bolchevique, massivement liquidée pendant la grande terreur de 1937-1938.

Elle se maria une première fois à l'âge de vingt-trois ans avec Gueorgui Kravtsev, un camarade de l'institut. Tous deux, par la logique du système, furent amenés pratiquement dès la sortie de l'école à occuper des postes importants dans la hiérarchie soviétique. Lui comme premier vice-président du Gosplan [1], autrement dit secrétaire

---

1. Comité étatique pour la planification. Parmi plus de vingt comités d'État, le Gosplan était à la tête de l'appareil de planification du gouvernement et représentait de loin l'agence la plus importante de l'administration économique. La tâche des planificateurs était d'équilibrer les ressources et les besoins pour s'assurer que les entrées nécessaires étaient fournies pour les sorties planifiées. L'appareil de planification seul était une vaste organisation constituée de conseils, commissions, officiels, gouvernementaux, etc., chargés de l'exécution et de la surveillance de la politique économique. L'agence de planification d'État était subdivisée en ses propres départements industriels, charbon, fer ou construction de machines. Elle possédait aussi des départements transversaux tels que la finance.

d'État à la planification; et Natalia comme présidente du comité de planification de la ville de Moscou. Cette promotion allait néanmoins coûter cher au couple, car le jeune mari ne résista pas au rythme de travail diabolique instauré par Staline et fut emporté par la tuberculose à trente-deux ans. La jeune veuve garda à jamais dans son cœur ce premier amour. D'autant qu'elle se retrouvait seule avec leur petite fille Nina, âgée d'à peine un an. Mais il fallait survivre et nourrir toute sa famille, c'est-à-dire sa fille, sa mère et sa tante. Elle travailla donc durement, entre quatorze et seize heures par jour pendant toute la période stalinienne (jusqu'en 1953), en dirigeant le département d'investissement du Gosplan sous la houlette de Nicolas Voznessenski, président du Gosplan et ami personnel de feu son mari.

Selon Natalia Petrovna, à partir des années trente, Staline consolida son pouvoir, et son emprise sur la vie du pays devint totale. Dès lors, ni les institutions légales, ni les statuts du Parti ou des grandes organisations sociales n'avaient d'importance réelle. Leur seul rôle était d'approuver, transmettre, appliquer les décisions de Staline. Il pouvait en tout domaine choisir ses hommes, éloigner ceux dont la renommée lui portait ombrage. Sa méthode de gouvernement reposait sur l'isolement, la méfiance, le mépris de toute forme légale.

Parallèlement à ces manœuvres politiques, une véritable chasse aux sorcières commença en Union soviétique; avant-goût des épurations sanglantes qui allaient dévaster l'URSS quelques années plus tard.

Comme dans presque tous les procès conduits par les tribunaux révolutionnaires au cours des années trente, on inventa des preuves accablantes et on arracha des aveux par la torture. Et dans certains cas « difficiles », on eut recours aux deux méthodes à la fois.

En avril 1929, au XVIe congrès du Parti communiste, une résolution proposant la purge générale du Parti fut adoptée. Le même mois, une nouvelle offensive était menée contre l'Église orthodoxe russe : des centaines d'églises furent de nouveau détruites et les cloches de celles qui restèrent furent enlevées pour que leur son « ne dérange plus les travailleurs ».

– J'ouvrirai une parenthèse tout de même, me dit Mme Fédorovski, pour préciser que, jadis, on appelait Moscou « la ville des quarante fois quarante ». Cela voulait dire qu'il y avait mille six cents églises! Lénine en a également fait détruire un nombre incalculable. Il se faisait même projeter les images de ces démolitions, qu'il commentait en blasphémant.

Selon mon interlocutrice, les grands procès de Moscou, commencés dès 1936, représentaient un des aspects les plus spectaculaires de la méga-terreur orchestrée par Staline. À cette époque, le père de Vladimir avait vingt-trois ans, sa mère vingt-quatre.

La vieille dame m'expliqua les rouages du mécanisme de la terreur. Deux principes en ressortent :

– Tout d'abord, celui de l'enchaînement. Au cours des procès, un procureur général faisait avouer aux inculpés qu'ils étaient liés à d'« autres criminels », puis la presse reproduisait le texte d'une communication du parquet demandant d'ouvrir une nouvelle enquête sur « la conspiration fomentée par les personnes citées ».

– Ensuite, la technique du répit. Par exemple, en septembre 1936, une enquête n'ayant pu fournir de preuves contre le vieux bolchevique Boukharine, l'affaire fut considérée comme classée. Celui-ci demeura rédacteur en chef du journal gouvernemental *Izvestia*, mais ses communications téléphoniques furent écoutées, son courrier épluché, sa famille et lui-même filés. Pour finir, il fut exécuté le 13 mars 1938.

Dans cette ambiance effrayante, personne ne se sentait à l'abri d'une arrestation, car chaque village avait ses accusés. La délation, engendrée par la crainte, fournissait aux hommes de la police secrète leur cargaison de victimes. D'immenses salles bourrées de gens furent ainsi transformées en confessionnaux où l'on se repentait d'avoir connu personnellement quelque « pécheur ».

D'ailleurs, je vais citer dans ce chapitre les témoignages des parents de Vladimir et des grands-parents de sa femme, Irina, qui ont connu cette terrible époque. Durant ces années de massacres, il ne restait plus dans l'immeuble des grands-parents maternels d'Irina, (l'épouse de Vladimir) que des femmes et des enfants, parce que tous les hommes avaient été arrêtés.

– Et parfois même des gosses tout seuls, me racontat-elle. Il arrivait que les hommes reviennent pour quelques jours, semaines ou mois, puis repartent définitivement. Et puis, il y avait tant de gens qui arrivaient on ne sait d'où, restaient quelque temps et disparaissaient à jamais. Bien sûr, chacun pensait que son mari ou son père ne pouvait pas être un « ennemi du peuple ». Mais l'atmosphère générale était à la méfiance, et si quelqu'un se disait que son cas personnel était certainement une erreur, celui de la voisine, en revanche, ne l'était peut-être pas...

Les gens avaient des sacs tout préparés pour la prison. Les plus sages, comme les grands-parents d'Irina, prévoyaient un plan de repli pour que leurs enfants pussent être envoyés loin de Moscou au cas où ils seraient arrêtés.

– Mes grands-parents paternels, raconte-t-elle encore, paysans arrivés à Moscou au début du XXe siècle, furent enrôlés par les bolcheviques dans le mouvement révolutionnaire. Ils furent donc tous deux des clandestins avant la révolution. Par la suite, mon grand-père fit le travail dont le Parti le chargeait. La quasi-totalité des vieux bolcheviques furent victimes de la grande terreur, mais mon grand-père réussit à en réchapper grâce à ses amis qui l'envoyèrent en « mission » en Kirghizie.

En cette année 1937, le pays célébrait le centenaire de la mort de Pouchkine ainsi que l'anniversaire du poète géorgien Roustaveli. Et, tandis que Staline fusionnait délibérément la culture russe traditionnelle et le bolchevisme, l'Europe avançait à grands pas vers la guerre.

Les jeunes Moscovites rêvaient de combattre le fascisme dans le cadre de la guerre civile espagnole. Ils furent saisis d'engouement pour les chants espagnols, les casquettes bleues avec un liseré rouge sur la visière et les grands bérets campés sur le coin de l'œil. Quant aux jeunes filles, comme le racontait Natalia Petrovna, elles arboraient des blouses espagnoles. *Si demain la guerre éclate* était l'une de ses chansons favorites. Tous les enfants voulaient être pilotes ou soldats :

– Nous savions que la guerre approchait, me dit-elle. Nous devions être forts pour ne pas être détruits.

Ce fut aussi une période remplie d'épreuves : chaque jour apportait son lot de dépressions, d'incertitudes, à mesure que des amis, des collègues et des parents étaient arrêtés. La délation devint une hantise. Natalia Petrovna se tourmentait pour les cancanières de sa famille, furieuse que leur tante passât son temps dans la cour à bavarder, sachant fort bien qu'un mot de trop pouvait coûter la vie.

Les locataires de son immeuble, un bâtiment réservé aux jeunes dirigeants, guettaient chaque nuit le grincement des ascenseurs et les coups frappés aux portes signalant que la police secrète était arrivée pour arrêter ses suspects. Chaque matin, le portier en uniforme annonçait aux autres locataires qui avait été arrêté dans la nuit. Le bâtiment se retrouva bientôt avec des appartements vides dont les portes s'ornaient des menaçants scellés de la police secrète. Quant aux grands-parents d'Irina, ils habitaient un appartement communautaire dans le quartier de l'Arbat, en plein centre de Moscou. Avant la révolution, cet appartement avait été la propriété d'une cousine par alliance. Elle était actrice, et son mari, avocat. Cette famille appartenait à l'élite intellectuelle de la capitale. Après la révolution, sur une décision des soviets, plusieurs familles vinrent s'installer dans les lieux et la mère d'Irina y naquit.

« Nous sommes les enfants de l'Arbat... », fredonne Irina, ce fameux quartier chanté par les poètes. Gogol, Dostoïevski et Pouchkine y habitèrent. Gogol, Dostoïevski, Tchaïkovski, Pouchkine, et d'autres sommités des Arts, vécurent quelque temps dans ce quartier. Gogol y fit un geste dramatique en brûlant le deuxième tome des *Âmes mortes*. Pouchkine y séjourna juste après son mariage. N'oublions pas non plus les éloquentes pages de *Guerre et Paix* dans lesquelles Tolstoï décrit le vaste hôtel du comte Rostov, connu de tout Moscou. Le buste de l'écrivain trône toujours en face de cette demeure qui abrite aujourd'hui les associations des écrivains.

Dans les années trente, Boulgakov, l'auteur du *Maître et Marguerite*, choisit ce quartier pour son intrigue. Médecin devenu écrivain opprimé, Boulgakov avait compris qu'il fallait regarder le cauchemar stalinien à travers les rapports mystiques opposant le bien et le mal.

La méga-terreur et la fatalité irrationnelle avaient fortement modifié le psychisme des gens. Natalia Petrovna, comme ses compatriotes, croyait que ce qui se passait était inévitable.

– Néanmoins, j'ai très vite pris conscience du fait que c'était sans retour. Ce sentiment était dicté par l'expérience du passé, le pressentiment de l'avenir et la fascination du présent. Sous Staline, l'homme vivait dans un état voisin du sommeil hypnotique. Et cette passivité se retrouvait des deux côtés de la barrière, dans le monde des citoyens libres comme dans celui des suspects arrêtés. Tous ceux qui s'étaient créé une opinion personnelle, mais qui ne pouvaient guère jouer les hypocrites dix années de suite, se trahissaient d'une façon ou d'une autre et finissaient dans un camp.

Il y a là un effroyable paradoxe. Les milliers et les milliers de personnes arrêtées entre 1936 et 1939, sous prétexte de complot contre Staline et ses acolytes, pourraient mériter aujourd'hui le reproche de n'avoir pas suffisamment résisté au mal et d'avoir trop fait confiance au Kremlin.

Ce mélange complexe de sentiments contradictoires – incompréhension et panique, foi en Staline et crainte de la terreur – facilita cette usurpation de tout le pouvoir par le dictateur. À la fatalité s'ajoutait la résignation. Isolement et confusion entretenaient une telle passivité.

D'ailleurs, dans ses livres, Fédorovski évoque souvent l'impunité et la facilité relative avec lesquelles Staline se vengea de millions d'hommes. Pour lui, cela est dû au fait que ces gens-là n'étaient pas coupables. La plupart, même lorsqu'ils s'attendaient à être arrêtés, n'essayaient pas de se cacher ou d'échapper à leur condamnation. Il en est même plusieurs qui se livrèrent d'eux-mêmes. Parfois, après une longue et pénible attente de leur arrestation, les gens éprouvaient un soulagement indéniable quand ils se retrouvaient finalement en prison.

Une fois arrêtés, un nouveau processus mental prenait racine. Quand se produirait l'irrévocable ou comment cela arriverait-il ? Selon Vladimir Fédorovski, ces malheureux étaient entrés dans le domaine du non-être, ils avaient perdu la conscience de la mort. Lorsqu'ils se savaient condamnés, ils n'avaient même plus peur. La peur, c'est une lueur d'espoir, c'est la volonté de vivre, l'affirmation de soi. C'est un sentiment profondément européen, né du respect de soi, de la conscience de sa propre valeur, de ses droits, de ses besoins et de ses désirs. L'homme se cramponne à ce qui fait sa personnalité et craint. En perdant l'espoir, car n'ayant rien à défendre, ils cessaient également d'avoir peur.

– Pour les vivants, les hommes en liberté, quelle attitude, sinon le silence? s'interrogeait Natalia Petrovna. Le silence pour sauver sa peau est-il justifié? Existe-t-il une chance de vivre dans des conditions où l'on n'a pas besoin de mentir? Car sans toutes ces compromissions, personne n'aurait survécu à cette terrible époque! On a caché la vérité à tout le monde, même à ses bons amis en qui on n'avait pas pleinement confiance, et ils étaient la majorité. La chute d'un hiérarque entraînait nécessairement plusieurs dizaines de ses fidèles. Des relations familiales, ou même amicales, avec une personnalité soudain désignée comme « ennemi du peuple » rendaient automatiquement suspect. La responsabilité collective des familles, y compris des enfants, fut légalisée et la peine de mort devint applicable à partir de l'âge de douze ans...

Irina, l'épouse de Vladimir, explique à sa manière son point de vue à cet égard :

– Dostoïevski, Tolstoï, un lourd héritage... Préférant les rêves à l'action, les rêveries à la réalité, murés dans la tour d'ivoire de leur sensibilité, leurs personnages ont formé plusieurs générations de Russes pour qui le mépris du confort personnel ne pouvait égaler que le désir d'être utile à l'autre, sans se demander si cet autre voulait de cette utilité. Rendre les autres heureux, existe-t-il un bonheur plus grand? De ce fait, quand les marxistes sont venus semer, ils ont trouvé le terrain tout préparé. L'abnégation, la prépondérance du futur sur le présent, l'esprit messianique, le désir de se dissoudre dans la masse pour la servir et la certitude que la vie spirituelle prévaut sur le côté matériel du quotidien. Tout cela était déjà présent dans l'esprit de l'élite intellectuelle du pays. J'y pense souvent. Je cherche l'erreur. Pour moi, cette erreur se situe avant les bolcheviques, avant les révolutionnaires démocrates qui cherchaient à tuer les tsars, et même avant les philosophes populistes qui mettaient le « collectif » avant l'individuel et le « social » avant tout autre chose dans la vie. L'erreur s'est produite quand la société russe n'a pas su défendre ses plus jeunes et brillants enfants – les décembristes – et a accepté tacitement leur pendaison. Cette lâcheté n'a pas quitté la vie politique et sociale du pays jusqu'au jour du putsch d'août 1991.

Entre le 24 février et le 16 mars 1939, le chef de la police secrète stalinienne, Beria, supervisa les exécutions de quatre cent treize prisonniers importants. Il suggéra néanmoins au dictateur d'interrompre momentanément l'épuration, sans quoi il n'y aurait bientôt plus personne à arrêter. Aussi Staline conclut-il : « Je crois que nous avons réussi à nous débarrasser du boulet de l'opposition. Il nous faut maintenant des forces vives, des hommes nouveaux. »

– S'il n'était pas mort prématurément, ajouta Natalia Petrovna, mon mari aurait certainement été tué par Staline après la condamnation de notre ami le président du Gosplan Voznessenski ; dans ce cas, toute ma famille aurait été envoyée dans un camp et Vladimir ne serait pas né !

Ces hommes nouveaux, surgis sous Staline, allaient encore être aux commandes de ce pays quarante ans plus tard. La famille de Vladimir, sa mère, son père, la famille d'Irina, se trouvaient être de ceux-là. Ils affrontèrent la guerre, la reconstruction, la déstalinisation. Tant de morts, tant d'épreuves, tant de défis. Vingt-cinq millions d'hommes sacrifiés sur l'autel du communisme...

La guerre ou l'épreuve

Le 22 juin 1941 s'engagea l'affrontement armé entre les deux grands régimes totalitaires de l'Europe. Malgré le désaveu de ses généraux et sans la moindre déclaration de guerre, Hitler avait ouvert un grand front à l'Est. À trois heures du matin, plus de cent cinquante divisions, six cent mille pièces d'artillerie et près de trois mille avions allemands, renforcés par des troupes hongroises et slovaques, ouvrirent la campagne militaire contre l'Union soviétique.

Sept des oncles de Vladimir périrent durant cette guerre. Fedor, son père, né en 1913 dans l'Oural d'une famille de paysans ukrainiens, une famille de dix enfants, fut un grand combattant. Commandant de l'un des premiers régiments de Katioucha, « les orgues de Staline », il passa toute la guerre en première ligne (de 1941 à 1945). Présent parmi les libérateurs de Budapest, Prague et Belgrade, il reçut vingt décorations y compris l'ordre de Saint-Alexandre Nevski. Son frère, Grigory, pilote d'essai, deux fois héros de l'Union soviétique, la plus haute distinction militaire, général et commandant de l'aviation, fut tué au combat en 1943 à l'âge de trente ans et eut des funérailles nationales [1].

---

1. Toutes ces données très documentées se trouvent dans une biographie référence, *Général Grigory Kravtchenko*, écrite par V. Yakovlev, Moscou, Politzdat, 1970.

Le grand journaliste Alexandre Adler m'a raconté comment ce jeune aviateur s'aventura seul dans l'espace aérien du Japon pendant la guerre soviéto-japonaise en 1938. Staline fut tellement impressionné par cet exploit qu'il le convoqua, avec les plus hauts dignitaires, dans la salle Saint-Georges du Kremlin. Toute la hiérarchie de l'Armée rouge était présente. Le commissaire à la guerre, Vorochilov, présenta le héros :

– Voici le lieutenant Kravtchenko!

Staline, avec son art du geste symbolique et son accent géorgien, déclara placidement :

– Je vous félicite, général lieutenant Kravtchenko...

Ainsi, ce jeune garçon de vingt-quatre ans devint un haut dirigeant de l'armée, et l'as favori du dictateur.

En ce 22 juin fatidique de l'année 1941, les vacances scolaires venaient juste de commencer à Moscou. Lors de cette première journée d'été, chaude et désagréable, le père de Vladimir se rendit à un match de football. L'équipe de la capitale, Dynamo, perdit son match. Au Bolchoï, on donnait *Rigoletto*. Natalia Petrovna était au théâtre, où se jouait *Les Trois Sœurs* de Tchekhov. Tout semblait encore aller pour le mieux...

Quand l'oncle de Vladimir, le général Kravtchenko, annonça à Staline qu'en une journée les Allemands avaient détruit près d'un millier d'avions au sol, celui-ci en fut complètement décontenancé. « Ils n'ont quand même pas réussi à attaquer tous nos terrains d'aviation? » questionna le dictateur.

– À Moscou, la peur de l'armée allemande avait brisé toutes les chaînes de la répression stalinienne, m'expliqua Natalia Petrovna. Plus personne ne respectait la loi et, à la mi-octobre 1941, l'anarchie régnait à Moscou. Les magasins furent pillés et les appartements vidés, les réfugiés erraient dans les rues, harcelés par des bandes de voyous. Des nuages de fumée flottaient au-dessus de la capitale, car les fonctionnaires brûlaient leurs archives. Une foule de femmes, d'enfants et de vieillards encombrait la place des Trois-Gares. Le froid était perçant, les enfants pleuraient, mais nous attendions tous patiemment les évacuations, avec résignation.

La plupart des familles des fonctionnaires, comme Natalia Petrovna, sa fille et la grand-mère de Vladimir, furent envoyées sur les bords de la Volga, ainsi que le personnel de quelques commissariats [1].

La famille d'Irina, elle, resta à Moscou.

– Ma mère a grandi dans le rude univers de la guerre. Les adultes de sa nombreuse famille étant partis, l'un sur le front, l'autre travaillant pour gagner de l'argent, c'est elle qui devait assurer le quotidien. Elle courait après l'alerte pour être la première dans les magasins, parce que quelques instants plus tard, la queue devenait telle que cela ne valait plus la peine d'attendre. Elle avait vite appris à reconnaître les escrocs et les voleurs.

En octobre 1941, les canons antiaériens illuminaient le ciel, tandis que le Kremlin à demi déserté disparaissait dans l'obscurité sous un curieux camouflage. On avait en effet peint, sur une vaste toile, les façades d'une rangée de maisons : un véritable décor de théâtre faisait face au fleuve.

Les Allemands étaient à moins de soixante-dix kilomètres de Moscou, il était donc temps de rappeler aux Soviétiques qu'ils étaient forts. Il faut dire que le peuple russe a acquis une réputation universelle d'endurance, de fermeté, de résistance, de patience et de stoïcisme. Ceci lui avait déjà permis de persévérer et finalement d'épui-

---

1. À Kouïbychev, ancienne Samara, située sur la Volga. La ville devait servir de capitale au cas où Staline devrait quitter Moscou.

ser les armées de Napoléon puis d'Hitler au cours de redoutables hivers.

Dans ce tragique contexte, Staline, ayant décidé de rester dans la capitale, préconisa alors de faire défiler ses troupes. « Je tiens à ce qu'un défilé militaire ait lieu le 7 novembre. Si jamais un raid aérien se produit pendant la parade et qu'il y a des morts et des blessés, il faudra évacuer ceux-ci rapidement pour que le défilé puisse continuer. Il faudrait filmer l'événement et le projeter dans tout le pays. Je ferai un discours [...]. »

Quand on demanda à quelle heure commencerait la parade, Staline indiqua : « Que personne ne le sache, jusqu'à la dernière minute, pas même moi ! »

Une semaine plus tard, quelques Moscovites, supervisés par des agents de la police secrète, réquisitionnèrent les chaises du théâtre Bolchoï et les transportèrent le plus discrètement possible – bien que peu de choses aient échappé à l'œil des espions allemands – à la station de métro Maïakovski. Le même soir, quand l'oncle de Vladimir, le général Kravtchenko, arriva à la station, il vit un train à quai, les portes ouvertes. (Je tiens la description de cette mémorable soirée du journal intime du général.)

À l'intérieur des wagons, des tables couvertes de sandwichs et de boissons attendaient les convives. À peine eurent-ils pris place sur les chaises du théâtre que l'orchestre entonna une marche militaire. Le dictateur entra dans l'un des wagons transformé en chaîne de radio, où le journaliste Lévitan – le célèbre speaker des jours historiques de la guerre et de la victoire de l'URSS – présentait les actualités. Staline parla une demi-heure, lentement, d'une voix faible : « S'ils veulent la guerre totale, ils l'auront ! »

– Tout était à tel point calculé, raconte Vladimir, qu'il prenait des leçons d'art dramatique chez un acteur

célèbre. Chaque mot, chaque geste revêtait une significa-
tion tout à fait singulière, un sens caché, mystérieux,
sinon magique. En même temps, il savait évaluer les
effets scéniques en laissant planer des doutes sur le sens
secret de son discours.
La parade devait commencer à huit heures du matin.
Les officiers ne furent informés des détails complets de la
cérémonie que vers deux heures. Peu avant huit heures,
alors qu'un vent glacial et une tempête de neige soufflaient
sur Moscou, rendant peu probable une attaque allemande,
Staline grimpa les marches menant au mausolée...
La mère de Vladimir n'a jamais oublié ces instants. Son
premier mari étant mort à trente-deux ans, elle se jura ce
jour-là que si elle devait se remarier, ce serait avec un
héros de la guerre. Et après la victoire de 1945, ce fut avec
le père de Vladimir. L'enfant naquit le 27 avril 1950.

La mort de Staline

Fédorovski considère le décès du tyran rouge comme une des dates fondatrices de son destin. Il revient d'ailleurs constamment sur le sujet.

Il n'avait pas encore trois ans, quand, le 6 mars 1953 à six heures du matin, Natalia Petrovna entendit la voix grave et modulée du speaker Lévitan révéler au monde la mort de Staline :
– Le cœur de Iossif Vissarionovitch Staline, compagnon d'armes et génial continuateur de l'œuvre de Lénine, guide sage et éducateur du Parti communiste et des peuples soviétiques, a cessé de battre !

Le corps du défunt fut exposé dans la salle des Colonnes. C'est dans ce lieu, devenu la Maison des syndicats après avoir été la salle de bal de la noblesse tsariste, que Staline s'était posé en exécuteur testamentaire de Lénine et en grand prêtre de sa pensée. Dès l'annonce du transfert de la dépouille du dictateur dans cette immense chambre mortuaire aux murs de marbre illuminés par d'énormes lustres de cristal, le peuple déferla vers le centre de Moscou. Cette foule sans âge, miroir de la Russie de toujours, était au fond la même que celle qui accourait naguère des provinces pour assister aux couronnements et aux funérailles des tsars les plus cruels.

Dans la nuit glaciale, la foule s'entassa sur les voies qui menaient vers le théâtre Bolchoï, pour attendre le moment où il serait possible d'aller « le » voir. Jeunes et vieux, portant des enfants dans les bras, sous la neige, avançaient ou reculaient avec le flot humain. Le silence, pesant comme celui de la plaine infinie, n'était troublé que par les coups assourdis de l'horloge du Kremlin, le crissement des pas sur la neige et les ordres presque murmurés des miliciens : « Serrez les rangs, camarades. »

Pour cette masse qui aimait tant les héros morts, la disparition de Staline aurait dû être un soulagement après les décennies de souffrances. Mais le souvenir des années qui suivirent ce jour de juin 1941 où commença la Grande Guerre contre les nazis était le plus fort. Ils retenaient seulement comment, pour la première et la dernière fois, Staline s'était adressé à eux d'une voix brisée, désemparée, en les appelant « frères et sœurs » et en mentionnant leurs saints... Et les soldats, minablement équipés et armés, étaient partis à l'assaut au cri de : « Pour Staline, pour la patrie ! » Ils avaient encore à l'esprit les neuf cents jours du siège de Leningrad et ses centaines de milliers d'habitants morts de faim, les proclamations d'Hitler décidé à asservir les Slaves, ces « sous-hommes », les vingt-cinq millions de tués... Ensuite, la contre-offensive fulgurante, le drapeau planté sur le Reichstag, et enfin, ce défilé de la victoire sur la place Rouge, les milliers d'étendards à croix gammée jetés aux pieds de Staline devant le mausolée.

Tout cela s'était passé dix ans plus tôt, sous Staline et avec Staline. Et dans l'interminable oraison funèbre, il n'y avait de place que pour l'expression de la gratitude, de l'admiration et de l'affliction.

Dans les camps de concentration, en revanche, l'annonce de la maladie puis de la mort du dictateur déclencha une explosion de joie, ranimant l'espérance chez les plus pessimistes. Dans certains endroits, il fut impossible, en ce 6 mars, de faire travailler les forçats. Là où l'encadrement était meilleur, ils creusèrent quand même la glace et les galeries de mines ce jour-là, mais avec pour la première fois l'espoir d'être libérés.

Pour les paysans, encore nombreux dans les camps, la Providence s'était manifestée. On les vit alors s'agenouiller, se prosterner et embrasser la terre comme leurs ancêtres les premiers chrétiens. Geste mystique avec lequel depuis des siècles ils rendent grâce au ciel de les avoir délivrés du malheur, des fléaux naturels, de la peste ou de la famine. Les Juifs, quant à eux, soulignèrent que le 1er mars, date à laquelle le maître de l'URSS avait subi son accident cardio-vasculaire, correspondait à la fête juive de Pourim, commémorant l'échec d'un génocide ourdi par le ministre Hamam sous le règne du roi perse Ahasvérus [1].

Quand Staline mourut en 1953, personne n'était en mesure d'assurer seul sa succession. Ce fut donc le Parti communiste qui tenta de combler le vide, en s'inspirant fortement de l'empreinte stalinienne : il s'appropria la même aura d'infaillibilité, d'omniscience et d'hostilité implacable contre toute critique et toute opposition.

La mort du dictateur apporta un grand apaisement au sein de la famille Fédorovski. Non seulement la crainte se dissipa, mais le rythme infernal de travail imposé aux fonctionnaires changea. Dès lors, Natalia Petrovna cessa de travailler quatorze heures par jour au Gosplan, et commença à avoir des horaires plus ou moins normaux, ce qui lui permit de voir ses enfants et d'emmener Vladimir dans leur datcha à Krekcheno.

---

1. Événements relatés dans le livre d'Ester.

Les lieux de prédilection

Je fus amusée d'entendre Natalia Petrovna qualifier sa ville de « gros village ». Cette métropole étendue, industrialisée, de huit millions d'habitants, où se mêlent autant d'ethnies, un village ? J'ai fini par comprendre que si l'on fait partie d'un certain milieu, de l'élite, les nouvelles et les biens s'échangent comme dans une petite ville, car tout le monde se connaît et a les mêmes relations. Pour une ville de cette importance, pour une nation aussi vaste, le réseau de Moscou est étonnamment petit, car, en Union soviétique, Moscou est le grand centre unique, comme Paris en France.

À certains égards, l'imaginaire de Vladimir aura été plus marqué par les drames historiques de l'époque de Staline que par les souvenirs de la révolution d'Octobre. En effet, le fantôme de Staline revient constamment dans ses livres comme une hantise. Par conséquent, son image de Moscou est aussi marquée par l'esprit du dictateur qui, s'il a beaucoup détruit la ville, a fait ériger maints édifices à sa gloire. Et en effet, le premier monument stalinien reste sans aucun doute le métro dont la première ligne fut inaugurée en mai 1935. Dans l'esprit du dictateur, le métro n'était pas un simple moyen de transport, mais faisait partie de toute la symbolique d'une « néo-religion » qu'il voulait instaurer en sa faveur.

Les Soviétiques vivaient d'une manière très précaire et les stations de métro décorées de marbre, de bronze et parfois même d'or, impressionnaient la population. Staline ne parlait pas au hasard lorsqu'il disait à sa belle-sœur que le peuple avait besoin de fétiches et de splendeurs décoratives. D'ailleurs, il choisissait lui-même ces décors, comme le marbre cramoisi de la station Maïakovski ou l'impressionnante mosaïque de la station Place-des-Trois-Gares. La station Place-de-la-Révolution abrita les premiers rendez-vous amoureux de Vladimir et d'Irina. Ses statues de bronze représentent un véritable musée de l'art totalitaire. Sans oublier la station Arbatskaïa dont les murs parés de marbre blanc resplendissent sous le feu des somptueux lustres de bronze.

Parmi les édifices, il y a aussi les sept gratte-ciel érigés sous les ordres du dictateur, « les Sept sœurs », ensemble auquel appartient le ministère des Affaires étrangères.

La première référence de Vladimir reste cependant la cour de son immeuble de la rue Spartakovsakaïa.

Quand on a tout perdu, la mémoire conserve en ses jardins secrets la nostalgie d'un temps révolu. Pour notre héros, la *nostalguia* ne cache pas le mal du pays, simplement la fraternité de la cour de l'immeuble où il a grandi.

Autrefois, chaque cour vibrait sous les cris des enfants. Les *babouchkas* (grands-mères) surveillaient les petits tandis que les grands, à la sortie des écoles, venaient s'y défouler jusqu'au retour de leurs parents. On n'hésitait pas à sortir les tables, les bouteilles et les *zakouski* (hors-d'œuvre) pour fêter la réussite à l'examen de l'un, la promotion de l'autre ou encore des fiançailles. Ainsi apprenait-on très jeune la façon de résister au coup de massue de la vodka : expirer avant de lamper puis manger immédiatement quelque chose. Les jeunes femmes grimaçaient après chaque verre, mordant aussitôt dans le cornichon qui passait à la ronde. Les hommes avalaient une bouchée de pain. Natalia Petrovna m'expliqua que pendant la guerre, le pain étant rare, les buveurs endurcis passaient un croûton à la ronde et se contentaient de le humer. L'odeur du pain suffisait, pour eux, à neutraliser la vodka !

On pleurait ensemble un disparu ou l'on essayait de calmer les querelles survenant entre les familles. Si les adultes, partageant fréquemment leurs maigres victuailles, refaisaient le monde dans les cuisines, hantés par les menaces du régime suspendues au-dessus de leur tête, la vie offrait malgré tout aux enfants des rêves de liberté dans ces cours où ils étaient rois.

Dans les cours d'immeubles, on côtoyait parfois des jeunes voyous ou des adolescents en quête d'aventures un peu fortes. Deux d'entre eux furent les amis de Vladimir. L'un s'appelait Anatole, dit « le Carré ». Chose curieuse pour un voyou, il voulait devenir poète. Il n'y parvint guère, sombra dans l'alcool et mourut très jeune. L'autre, Sacha, était surnommé Pipissa (« petite bite »). Sa mort fut terrible, m'a raconté sa sœur. Envoyé dans un camp de Sibérie, il s'en évada en compagnie de deux autres prisonniers qui le mangèrent en cours de route. Tirer à la courte paille pour savoir qui serait mangé, comme le raconte notre chanson *Un petit navire*, était une pratique courante, car s'évader seul revenait à mourir de faim dans les steppes immenses et hostiles. En général, le plus faible était choisi, car, vu sa corpulence, il n'était de toute façon pas certain qu'il s'en sorte.

– Nous vivions une époque qui, sous des dehors pudibonds, était d'une grande férocité, raconte Vladimir. Les jeunes gens s'embrassaient sous les portes cochères, comme partout ailleurs, mais les filles pouvaient aussi s'y faire violer. J'avais peut-être onze ou douze ans quand Sacha me raconta comment il avait violé une fille de son âge qui s'appelait Marina, avec trois autres garçons. Ce petit monde de voyous composait l'univers parallèle des « voleurs en loi », comme on qualifiait alors les parrains du milieu. Il formait un univers totalement à part dans la société soviétique, avec ses propres lois, ses juges et ses objectifs. Aucun des portraits types des Russes ne rend compte de cette ambivalence. Le modèle de l'État totalitaire ignorait (ou feignait d'ignorer) les fascinantes aberrations de la vie sous-jacente, comme le fait que les gens puissent enfreindre les règles tacites du système.

– Un jour, poursuit Vladimir, alors que je rentrais de l'école en traînant un peu, je fus attiré par des voix provenant d'un soupirail. J'étais en train d'assister malgré moi à une transaction de revolvers... Inutile de dire que lorsque j'ai rapporté à ma mère ce que j'avais entendu, elle me retourna un taquet dont je me souviens encore !

Bien des années plus tard, en Suisse, Vladimir retrouva par hasard Marina, au cours d'une somptueuse réception :

– Elle était devenue une femme superbe en qui je ne pus reconnaître la jeune fille de quatorze ans qui s'était fait violer dans la cour de notre immeuble. Marina n'avait rien dit à ses parents, et avait vécu plusieurs mois la peur au ventre. En effet, lorsqu'une fille sans défense tombait entre les mains de ce genre de garçons, elle devenait leur chose et ne pouvait plus leur échapper. Par chance, Marina était très belle et devint l'amie d'un jeune metteur en scène – devenu célèbre depuis – à qui elle confia son secret. Celui-ci demanda alors au chef des « voleurs en loi » de notre quartier le droit de protéger la jeune fille, probablement moyennant finance. Elle fut alors respectée par toutes les bandes des environs et put terminer brillamment ses études avant d'épouser un milliardaire américain. Elle me raconta alors qu'elle donnait des conseils d'affaires à un jeune homme rencontré lors d'un voyage à Moscou. Celui-ci n'était autre que le petit-fils du chef des « voleurs en loi » qui avait autrefois assuré sa protection...

– La plupart des gens vivaient cependant dans les appartements communautaires, comme ma femme.

Les parents d'Irina s'étaient mariés alors qu'ils étaient encore étudiants. Grâce à l'intervention de son grand-père paternel, vétéran du Parti bolchevique, l'État leur avait attribué une chambre de dix-sept mètres carrés dans un appartement où vivaient déjà deux familles. Ils se considéraient heureux. Puis naquit Irina. Pour que les jeunes mariés continuent à travailler pour vivre, il fallait trouver une nurse. La grand-mère d'Irina trouva alors (par l'intermédiaire de gens de confiance) une jeune fille pour s'occuper de l'enfant. Elle était arrivée à Moscou après avoir terminé ses études secondaires dans un petit village du centre de la Russie, dans l'espoir de trouver un travail et d'y rester. Mais, tracasseries obligent, elle ne possédait pas la fameuse *propiska* – permis de séjour de Moscou. La grand-mère d'Irina l'inscrivit donc au cours du soir de couture afin qu'elle fût en règle. Les deux familles voisines étaient très sympathiques et acceptèrent même que la jeune nurse dormît dans la cuisine.

– Elle est restée chez nous jusqu'au jour où je suis allée à l'école, à l'âge de sept ans, raconte Irina. Quand l'une des familles voisines recevait, tout l'appartement y prenait part. Ça sentait bon. Chacun, et surtout chacune, mettait la main à la pâte. Une fois les invités arrivés, nous passions tous à table. Les enfants étant considérés comme des rois dans les familles russes, je croyais que toutes ces fêtes étaient organisées pour moi et les autres enfants. Quand il y avait beaucoup de monde, on dressait la table dans le hall d'entrée de l'appartement. Les femmes étaient des cordons-bleus. Les plats de la cuisine traditionnelle russe succédaient aux plats géorgiens puisqu'une des deux familles était géorgienne. Poulet à la géorgienne, salade de haricots, ou ce fameux dessert caucasien à base de raisins secs. Puis les voisins emménagèrent dans des appartements individuels.

Dès lors, les parents d'Irina ne pouvaient plus considérer leur chambre comme un cadeau du destin et cherchèrent à améliorer leurs conditions de vie. Mais comment? Recevoir un appartement ou même une chambre plus grande était impossible, car l'État n'attribuait des surfaces d'habitation qu'à des gens qui n'avaient que trois mètres carrés par personne. Or, ils en avaient cinq. Il fallait donc trouver quelqu'un qui avait une chambre plus grande et qui, moyennant finance, accepterait de faire l'échange. Une vieille dame qui habitait une pièce de vingt-huit mètres carrés dans le gigantesque appartement communautaire voisin consentit à le faire.

La datcha

Natalia Petrovna m'emmena aussi à Krekcheno, près de Serpoukhov, un village situé à moins de quarante kilomètres de Moscou, où se trouvait la datcha familiale. *Datcha.* Ce mot est un de ces termes élastiques magiques. Tout d'abord, il évoque l'évasion de la ville encombrée vers le calme de la campagne, et, pour Vladimir, il représente une certaine liberté. (Encore la liberté.) Ce mot efface les différences sociales ; parfois il paraît bien plus grandiose que la réalité, parfois bien plus modeste. Natalia Petrovna et la mère d'Irina parlent de leur datcha avec une certaine lueur dans l'œil. Mais ni l'œil ni la langue ne révèlent exactement ce qu'elle est. Car une datcha peut être beaucoup de choses, depuis une cabane à lapins ou un pavillon d'une pièce sur un terrain grand comme un mouchoir de poche, au milieu de tout un complexe de pavillons identiques serrés les uns contre les autres, jusqu'aux palais confisqués à l'aristocratie tsariste, en passant par la modeste mais agréable maisonnette campagnarde sans eau courante dans un petit village. Sans oublier la villa moderne et luxueuse construite pendant la période postcommuniste. Les dirigeants du Parti possédèrent jadis des domaines de plusieurs hectares offerts par l'État. Pour les personnalités les plus importantes, hier comme aujourd'hui, des miliciens en uniforme et même des agents en civil sont postés aux carrefours pour empêcher les automobilistes égarés de s'engager sur ces chemins d'accès cachés dans les bois. Leurs propriétés sont entourées de hautes grilles vertes. Les chemins d'accès aux datchas des hauts dignitaires, nichées sous les sapins au fond de culs-de-sac, sont interdits aux curieux par de grands panneaux « Défense d'entrer ».

À l'époque soviétique, les Moscovites tournaient en dérision le mode de vie propre à la nomenklatura. Une plaisanterie à ce sujet circulait sur l'ancien secrétaire général du PCUS, Leonid Brejnev. Selon l'anecdote, tenant à démontrer sa réussite à sa mère, Brejnev la fait venir d'Ukraine pour lui montrer son vaste appartement. La vieille dame reste muette, même un peu gênée. Brejnev téléphone alors au Kremlin, ordonne qu'on lui mette à disposition sa limousine, et conduit sa mère à sa datcha. Il lui fait tout visiter, lui montre les magnifiques jardins, mais elle ne dit toujours rien. Alors il commande son hélicoptère personnel et l'emmène tout droit à son pavillon de chasse. Là, il la fait entrer dans la salle de banquet, lui fait admirer l'énorme cheminée, ses fusils, tout le luxe, et, incapable de se retenir plus longtemps, il supplie : « Alors, maman, qu'est-ce que tu en penses ? » Elle hésite puis hasarde : « Ma foi, c'est bien beau... Mais si les Rouges reviennent ? »

La datcha des Fédorovski n'était pas luxueuse. C'était toutefois un endroit charmant, paisible, hors du temps, situé à moins de trente kilomètres de la ville grouillante de Moscou, et cependant à un monde de distance. Des dentelles de bois, blanches et ouvragées, entouraient les fenêtres de la maison verte. La pièce principale était soignée. Des tapis recouvraient le plancher. Construite sur deux étages, la maison possédait deux chambres, une large salle commune au rez-de-chaussée et une cuisine. Il y avait l'électricité mais pas l'eau courante. Dans le jardin, une pompe à main tirait de l'eau d'une source à plus de vingt mètres de profondeur. Le verger était rempli d'arbres fruitiers. Nous cueillîmes des pommes et des légumes. Du potager, on entendait les enfants des jardins voisins crier et rire. Durant l'été, ces datchas sont pleines. Les grands-parents y gardent leurs petits-enfants au grand air lorsque les parents travaillent en ville.

Tout en grignotant, Natalia Petrovna et moi avons coupé en morceaux concombres, tomates et poivrons pendant que les enfants s'activaient pour préparer le barbecue. Nous avons croqué des petits gâteaux de fromage et de jambon pendant que les bûches se consumaient et devenaient des braises. Puis, tout en dégustant un petit vin d'Anjou que j'avais apporté de France, nous préparâmes des *chachliks* d'aubergines, d'oignons et de viande de bœuf marinée.

Au coucher du soleil, assise sur la berge haute, je contemplais sur des kilomètres et des siècles l'éternelle Russie. Les champs, les fourrés sauvages. Le ciel prenait des teintes douces, une lumière nacrée bien différente des flamboyants couchers de soleil des régions plus méridionales. La brise apportait la senteur des sapins.

En considérant tous ces souvenirs, je reste convaincue que le monolithisme du communisme s'est dissimulé derrière l'empreinte séculaire que l'histoire russe a déposée sur les us, les coutumes et sur la personnalité des Russes.

« Je serai écrivain »

Dès l'enfance, comme souvent à l'époque, notre héros voulait être écrivain. J'ai vu des pages jaunies et écornées, noircies de son écriture en pattes de mouche. Des bribes compréhensibles évoquaient la nature... Dans l'imagerie du pays, le statut d'écrivain était très haut placé. Comme le disait la grande poétesse russe Tsvetaïeva : « Je ne tomberai jamais amoureuse d'un homme d'affaires ou d'un vieux général. Je rêve d'un poète ou d'un écrivain. » En vérité, la liberté, toujours la liberté, est l'apanage des poètes et des écrivains, même si bon nombre d'entre eux ont été tour à tour maudits et encensés.

Pour Vladimir, ce désir d'écrire n'était pas anodin.

Son goût littéraire fut formé par Pouchkine et – encore un clin d'œil du destin – il fit ses études secondaires à l'école Pouchkine, lieu où naquit le grand poète francophile [1]. C'est à l'âge de treize ans que notre héros lut pour la première fois son œuvre emblématique, *Eugène Onéguine.*

Pouchkine n'est pas seulement un symbole de Saint-Pétersbourg, il est tout simplement un des plus grands

---

1. Il s'agit de l'école n° 353 de Moscou.

Russes. *Eugène Onéguine* marque le couronnement d'un siècle de maturation de la langue littéraire russe. Pouchkine y scelle l'union de l'esprit entre deux siècles, le XVIIIᵉ qui l'inspira et le XIXᵉ qui le façonna. À cette fusion s'ajoute une autre dimension chère au cœur de Vladimir, le plus grand des écrivains russes fut aussi le plus francophile. Celui qui exprima au plus haut point la perfection de la langue nationale, la moulant dans une prose et une poésie admirables, fut également celui que ses condisciples surnommaient « Le Français ». Il avait coutume d'arborer une tenue invraisemblable. Il était coiffé d'un bolivar, une cape sombre sur les épaules, un oignon Breguet dans le gilet. Les bottes aussi luisantes qu'un miroir, le pantalon crème et une fourrure autour du cou, il entrait tel un héros dans l'hiver :

« Déjà la nuit tombe. Il prend place
Dans un traîneau. " Gare ! " Bien fort,
Le cri sonne... Un duvet de glace
Argente son col de castor. [1] »

Pouchkine, comme son Onéguine, était un Européen à Saint-Pétersbourg. Il avait eu pour aïeul maternel un Noir abyssin, esclave subtilisé au sérail de Constantinople, introduit en Russie par un corsaire, et adopté par Pierre le Grand qui le fit général avant de le marier à une dame de la cour.

La goutte de sang d'Afrique tombée dans la neige russe...

Cela explique peut-être certains contrastes, notamment la fougue et la mélancolie unies dans *Eugène Onéguine*. Selon Vladimir, cette force exprimée dans le roman vient non seulement de l'énergie vitale de Pouchkine, de son talent généreux, mais aussi d'un esprit véritablement

---

1. *Eugène Onéguine.*

sain, exception dans la littérature russe et rareté chez les poètes. Bien qu'il fût capable d'accueillir toutes les contradictions... Cependant, ce fut la nostalgie de Saint-Pétersbourg (Pouchkine était alors en exil) qui fit tout d'abord vivre le héros du livre *Eugène Onéguine*, œuvre unique à bien des égards dans l'histoire des littératures, encore aujourd'hui lue, étudiée, commentée, réputée intraduisible, mais traduite en une centaine de langues, et qui soulève encore des débats passionnés : chef-d'œuvre du poème romantique pour les uns, premier des romans réalistes pour les autres. Cette « petite encyclopédie de la vie » qui retrace non seulement celle de la capitale de l'Empire, mais aussi celle de toute la Russie, fut une révélation pour le jeune Vladimir.

Dans les moments de désarroi, et même devant les terribles tragédies du xxe siècle, les Russes avaient coutume de dire : « Quand il ne reste plus rien, il y a toujours Pouchkine. »

Deux autres écrivains russes ont aussi fortement influencé Vladimir dès sa prime jeunesse. Tout d'abord Ivan Bounine (1870-1953), le premier Russe à avoir obtenu le prix Nobel de littérature alors qu'il était en exil en France. Né à Voronej d'une famille noble appauvrie, Bounine passa son enfance et son adolescence au cœur de la nature et en garda toute sa vie l'empreinte profonde. Ami de Tchekhov, il partagea les points de vue esthétiques et philosophiques de Tolstoï qu'il admirait, et dont les préoccupations pour le peuple étaient aussi les siennes. Il renoua avec la tradition réaliste classique de Tourgueniev, dont il hérita la langue pure, précise et mélodieuse.

Ayant condamné la révolution [1], Bounine se réfugia dès 1920 en France où il vécut trente-trois années d'exil,

---

1. *Jours maudits* (1925), L'Âge d'Homme, 1988.

marquées par la solitude et la nostalgie de sa patrie. Il y composa pourtant certaines de ses œuvres les plus achevées, *L'Amour de Mitia* (1925) et surtout *La Vie d'Arseniev* (1930), récit semi-autobiographique où s'insèrent considérations philosophiques et splendides notes lyriques à propos de la vieille Russie et de la nature.

Pour Vladimir aussi, l'amour et la nature sont restés des thèmes chers. Et c'est en France qu'il se lia d'amitié avec l'élève de Bounine, Valentin Kataïev (1897-1986). Le vieil écrivain soviétique avait publié dans sa revue *Iounost* de nombreux dissidents. Auteur principalement de romans et de pièces de théâtre, son talent, son don d'imagination, sa sensibilité et son originalité lui ont assuré une place prépondérante. Son art de traiter de manière ironique, mais légère et sans critique politique, lui permit de toujours rester sur le devant de la scène [1]. Appelons cela être diplomate ou, en d'autres termes, savoir esquiver, ne pas tout dire, et surtout savoir à qui se livrer. Sans doute ce lien aida-t-il à l'appréciation mutuelle des deux hommes.

Vivre en Union soviétique nécessitait en effet d'être diplomate si l'on voulait s'exprimer publiquement; ou de se taire si l'on voulait vivre tranquillement. J'en eus la révélation lors d'un dîner chez moi, en compagnie de Valentin Kataïev, Vladimir et Irina et quelques intimes. Car, en les entendant s'exprimer aussi librement, aussi naturellement, je compris en effet que le communisme

---

1. En France, il est connu grâce à une de ses pièces de théâtre, *Je veux voir Mioussov*, une comédie présentant de manière légèrement ironique, mais surtout marquée d'un comique débridé, les lourdeurs de l'administration soviétique. Il commença à écrire des nouvelles en 1916. En 1920, il travailla comme journaliste. Son roman *Rastratchiki* (1926) est l'histoire de deux aventuriers dans la tradition de Gogol.

était une façade derrière laquelle les Russes continuaient à vivre, à aimer, à penser.

– Ce pays, dit Irina, n'était ni un continent de conformistes ni une terre de dissidents. Il y avait des gens qui voulaient vivre et vivaient honnêtement. Ils faisaient le métier qu'ils aimaient et s'en acquittaient plutôt bien. Ils se rendaient parfaitement compte de ce qui se passait et, comprenant qu'ils ne pouvaient pas agir ouvertement, se réfugiaient dans leur vie personnelle. Certainement lâches, mais peut-être sages...

– Nous étions tous soviétiques, bien entendu, ajoute Vladimir; nous avons tous été façonnés de la même manière, de l'école maternelle où nous toisait Lénine, du haut de ses bustes et de ses icônes, jusqu'à l'armée, où le culte du dieu embaumé le cédait à celui d'une géante aux hanches de fer (comme je l'imaginais, enfant, *nda*), la patrie socialiste : le plus grand État du monde par la superficie, la plus forte production d'acier et d'électricité, le plus grand nombre de divisions blindées, d'engins nucléaires, de missiles, de satellites artificiels...

Si la vie soviétique était si trompeuse, cela tenait à ce que les Russes étaient passés maîtres dans l'art de ne pas se faire remarquer, d'adopter la couleur protectrice du conformisme. Pourtant, le regretté Vladimir Volkov, un autre grand écrivain français d'origine russe, déclarait dans *Le Figaro* : « Fédorovski a su sauvegarder malgré ce conditionnement une étonnante indépendance d'esprit. »

Volkov attribuait ce phénomène à l'influence de la grande culture russe qui avait formé celui-ci plus que les mascarades du système totalitaire. Fédorovski pourrait bien illustrer la conclusion du célèbre dissident Alexandre Guinsbourg : « L'Union soviétique est le seul pays où ne naît pas un seul communiste. »

Les Soviétiques évoluant dans cet univers à double fond prirent ainsi l'habitude de duper les étrangers, pour ne pas dire eux-mêmes. En dupant les étrangers, ils compensaient sans doute leur faiblesse, le sentiment d'infériorité qu'ils éprouvaient devant eux. Mais mes invités – Valentin Kataïev, Vladimir ou Irina Fédorovski – assumaient ces identités avec naturel et aisance, se sentant portés par la tradition issue de Pierre le Grand, « naturellement européen ».

Le maître (Kataïev) et l'élève (Vladimir) étaient tous deux passionnés par Maupassant. Selon Vladimir, le plus bel éloge lui fut fait par Henri Troyat, un autre auteur français d'origine russe, qui encouragea aussi Fédorovski à poursuivre une carrière littéraire : « S'il a été, dès la première heure, compris et aimé, c'était qu'il apportait l'âme française, les dons et les qualités qui ont fait le meilleur de la race. On le comprenait, parce qu'il était la clarté, la simplicité, la mesure et la force. On l'aimait, parce qu'il avait la bonté rieuse, la satire profonde qui, par un miracle, n'est point méchante, la gaieté brave qui persiste quand même sous les larmes. Il était de la grande lignée que l'on peut suivre depuis les balbutiements de notre langue jusqu'à nos jours. Il avait pour aïeux Rabelais, Montaigne, Molière, La Fontaine, les forts et les clairs, ceux qui sont la raison et la lumière de notre littérature. Les lecteurs, les admirateurs ne s'y trompaient pas; ils allaient d'instinct à cette source limpide et jaillissante, à cette belle humeur de la pensée et du style, qui contenait leur besoin. Et ils étaient reconnaissants à un écrivain, même pessimiste, de leur donner cette heureuse sensation d'équilibre et de vigueur, dans la parfaite clarté des œuvres. [...] Ah! la clarté, quelle fontaine de grâce, où je voudrais voir toutes les générations se désaltérer! J'ai beaucoup aimé Maupassant, parce qu'il était vraiment, celui-là, de notre sang latin, et qu'il appartenait à la famille des grandes honnêtetés littéraires. Certes, il ne faut point borner l'art, il faut accepter les compliqués, les raffinés et les obscurs, mais il me semble que ceux-ci ne sont que la débauche ou, si l'on veut, le régal d'un moment, et qu'il faut bien en revenir toujours aux simples et aux clairs, comme on revient au pain quotidien qui nourrit, sans lasser jamais. »

La littérature et la poésie – comme pour tous les Russes de son époque – constituent donc la seconde nature de Fédorovski :

– Notre génération n'a pas été élevée dans la littérature assujettie au régime des années quarante et cinquante. Un pont s'est créé entre nous et tout ce qu'il y avait de meilleur de la littérature d'avant-guerre. Boulgakov était plus lu que ceux qui recevaient les prix Staline ou Lénine.

Beaucoup de professeurs transmirent le savoir à leurs élèves en dehors des sentiers autorisés par le régime soviétique. Les langues anciennes supprimées des programmes officiels, le fil d'Ariane reliant l'homme à ses racines (spirituelles et mythologiques) s'érode, voire se coupe pour beaucoup. Ce fut le dessein des bolcheviques puis des soviets : l'homme sans dieux et sans Dieu, remplacé par l'homme-dieu et la nouvelle hagiographie marxiste que nous connaissons.

Mais grâce à ces professeurs imprégnés d'enseignement classique et grâce aux auteurs qu'ils faisaient apprendre par cœur aux élèves sans que rien ne fût écrit, les deux mondes subsistent et se côtoient encore.

Fort de cette éducation, Fédorovski s'efforce de faire passer, par la porte ou par la fenêtre, ce fil d'Ariane sans cesse retissé dans ses ouvrages. Ainsi, de génération en génération, quelques êtres lumineux nous emmènent vers ce qui nous dépasse, nous faisant voyager dans le temps et dans l'espace.

Vladimir et Irina sont capables de vous dire des poèmes entiers comme beaucoup de leurs compatriotes de cette génération. En effet, si les œuvres littéraires n'arrivaient pas à percer le mur de la censure, elles trouvaient leur chemin vers le lecteur, circulant parmi la population en *samizdat*, ce qui est l'abréviation de « édité par nos soins ». Les gens se les passaient dactylographiées ou même recopiées à la main. Comme le raconte Irina :

– Notre professeur de littérature nous expliquait que le samizdat faisait bien partie des traditions russes : le célèbre *Voyage de Pétersbourg à Moscou* de Raditchev a bien existé en samizdat durant cent vingt-cinq ans! Ce livre écrit en 1790 avait été interdit de publication par Catherine II et n'a vu le jour qu'après la révolution de 1905 [1]. Il a circulé pendant plus d'un siècle dans toutes les couches de la population.

C'est comme cela que la moitié de Moscou lut *Le Docteur Jivago* de Pasternak ou *Le Pavillon des cancéreux* de Soljenitsyne.

En 1957, le père de Vladimir rendit l'âme à l'âge de quarante-quatre ans, à la suite d'un infarctus. Peu de temps avant sa mort, il avait offert à son fils un livre de Gogol : *Tarass Boulba*. « Ce fut sa façon de me transmettre mes origines ukrainiennes », explique Vladimir. Ce livre n'a sans doute pas manqué de lui inculquer éga-

---

1. Raditchev fut condamné à mort, gracié, puis déporté en Sibérie. L'impératrice porta elle-même les annotations qui suivent sur l'ouvrage. « Les intentions de ce livre se font jour à chaque feuillet; l'auteur est absolument contaminé par les divagations françaises; tous les moyens et tous les prétextes lui sont bons pour discréditer le Pouvoir et les autorités et pour soulever le peuple contre ses chefs et ses supérieurs. »

lement la notion de courage dont il a dû faire preuve tout au long de sa vie. Et aussi le culot des Cosaques !

La scolarité de Vladimir se déroula pendant la période khrouchtchévienne, ce que les Russes appellent plus communément la période du dégel. (Fin des années cinquante, début des années soixante.)

– À l'école, raconte-t-il, il y avait aussi les cours de marxisme-léninisme. On apprenait également tous les programmes du Parti, les résolutions de tous les congrès, la lutte contre le déviationnisme de gauche et de droite. L'industrialisation et la collectivisation étaient présentées comme de grands pas en avant, les déportations et les purges comme un mal inévitable.

– Nous répétions comme des perroquets, ajoute Irina, mais dans nos têtes résonnait la question de Dostoïevski : « Est-ce que tout cela valait bien une larme d'enfant ? »

En consultant les pages jaunies de ses carnets scolaires, j'ai pu constater que Vladimir n'était pas un premier de la classe... Mais si ses notes étaient plutôt moyennes, ses professeurs soulignaient déjà son intérêt pour la littérature et l'histoire.

Les adultes parlaient alors de la publication des récits de Soljenitsyne dans la revue *Novii Mir* et des œuvres de Kataïev qui, dans un style nouveau, évoquait sa jeunesse à Odessa et son maître Ivan Bounine. Les poèmes de Pasternak, Essenine, Akhmatova furent publiés dans les revues littéraires. Ainsi le monde s'élargit-il « en espace et en temps ».

D'ailleurs, pour les Soviétiques, les voyages se faisaient dans les livres.

– Mon grand-père avait énormément lu, me raconta Irina. J'aimais beaucoup les promenades avec lui. Il me parlait des personnages historiques, des héros des romans, de voyages et de lointains pays. Ni lui ni mon père n'ont jamais pu sortir du pays. Et pourtant, ils adoraient voyager et avaient visité toute l'URSS. Comme eux, j'ai fait mes premiers voyages dans les livres, sans imaginer un instant pouvoir un jour me rendre dans d'autres pays.

Les jeunes auteurs leur emboîtèrent le pas. Des stades entiers se grisèrent des poèmes en vogue d'Akhmadoulina, d'Okoudjava, d'Evtouchenko.

Au début des années soixante, outre les débats littéraires et politiques, la société reçut un nouveau sujet de conversation : les premières pénuries alimentaires. Car, durant les années cinquante, on trouvait tout et à des prix abordables. Non seulement des produits de première nécessité, mais aussi des « délicatesses », caviar de plusieurs sortes, crabes et crustacés, viandes et poissons fumés, bonbons, gâteaux, tartes, petits-fours.

Dès lors, il y eut de longues files d'attente devant les magasins. Qu'il neige ou qu'il vente, chacun attendait sa portion congrue.

À l'époque soviétique, l'organisation des pionniers était le grand mouvement de la jeunesse du pays.

Cette organisation était inspirée du scoutisme en Europe, mais basée sur l'idéologie marxiste. Et chaque enfant devait en être membre. Vladimir et Irina furent donc tous deux pionniers, comme tous les enfants.

Le mouvement des scouts avait été introduit en Russie par un capitaine de l'Armée tsariste, mais, en mai 1922, les bolcheviques voyant les scouts comme des « agents de la bourgeoisie mondiale » remplacèrent le scoutisme par une organisation similaire déclinée en trois niveaux : octobristes (7-9 ans), pionniers (10-14 ans) et komsomols – Jeunesse communiste – (15-18 ans). Les pionniers reprirent néanmoins certains attributs, règles et traditions des scouts. Par exemple, à l'appel « Sois prêt! », le pionnier devait répondre « Toujours prêt! ». Les pionniers léninistes troquèrent les foulards bleus des scouts contre les foulards rouges, et la foi en Dieu fut détrônée par l'idéologie communiste.

– Je me souviens, raconte Vladimir, maman m'avait acheté le foulard rouge en soie et le calot rouge. Elle avait pris soin de les repasser, ainsi que mon costume bleu et ma chemise blanche, afin que je sois impeccable. (Les filles étaient en robe brune et tablier blanc et portaient des rubans blancs de dentelle dans les cheveux.) Lors de notre intronisation, dans la cour de l'école, nous tenions nos foulards rouges sur un bras plié devant nous, ayant peur de les froisser. Nous prêtâmes serment de fidélité à la patrie, puis un représentant du Parti nous « consacra » pionniers en nous attachant notre foulard autour du cou avec un nœud spécial qui devait former un petit coussin carré. L'atmosphère était solennelle et symbolique. Nous reçûmes des félicitations, entendîmes des hymnes, des poésies, des discours... Ensuite, il ne fallait surtout pas oublier son foulard ou le porter froissé, car nous risquions d'être convoqués par le conseil de discipline! Mais j'étais si heureux! Nos réunions avaient lieu dans un ancien palais de la noblesse, à la campagne. Et j'ai toujours aimé la campagne!

Avec la dissolution de l'Union soviétique, l'organisation des pionniers fut dissoute au début des années quatre-vingt-dix. Cependant, des vestiges subsistent dans plusieurs régions de l'ex-URSS, regroupant de quelques dizaines à quelques dizaines de milliers de membres dans chaque république. Selon un sondage réalisé à la veille du quatre-vingt-cinquième anniversaire de l'organisation des pionniers, aujourd'hui, 40 % des Russes souhaitent faire renaître cette organisation, et seulement 9 % pensent que le pays n'a pas besoin d'une telle structure. Et pourtant, le 19 mai 2007, au centre de Moscou, dans le jardin d'Alexandre, deux mille cinq cents écoliers recevaient le foulard rouge et faisaient le serment de « servir la patrie », et, l'essentiel, d'essayer de changer le monde en commençant par soi-même.

Vladimir Fédorovski avec son père et sa mère.
En haut : son père pendant la Seconde Guerre mondiale.
En bas : à quatre ans.
© Collection de l'auteur

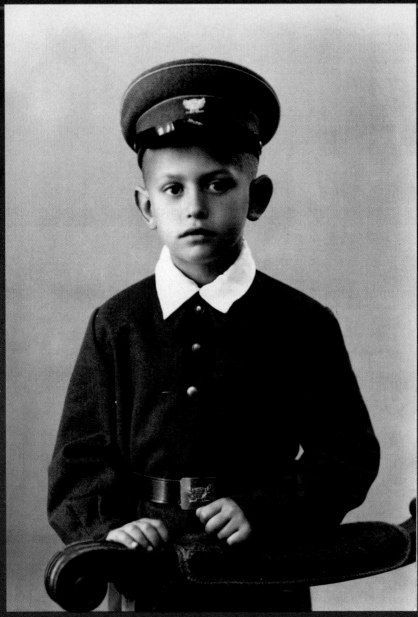

Le 1er septembre 1957, la première rentrée scolaire.
© Collection de l'auteur

Les coupoles des églises qui ont bercé son enfance.
© Collection de l'auteur

À quinze ans, le temps de la poésie, quand il écrivait assidûment des poèmes. © Collection de l'auteur

Alexandre Pouchkine, le plus grand poète russe. Toute sa vie, son œuvre aura une influence décisive sur Vladimir Fédorovski.

La magie de Saint-Pétersbourg reste toujours une source d'inspiration pour les Russes. Vladimir Fédorovski y consacra son livre emblématique, *Le Roman de Saint-Pétersbourg*. © Corbis

Ivan Tourgueniev, ami de Flaubert et parrain littéraire de Maupassant, le plus français des écrivains russes du XIXᵉ siècle.
La mère de Vladimir Fédorovski est née dans un village appartenant autrefois à la famille de Tourgueniev et portant un nom prémonitoire, Paris.

Nomenklatura

La nomenklatura existait pratiquement à tous les échelons de la vie soviétique, du village jusqu'au Kremlin. Ce nom désignait la corporation fermée des hauts dirigeants soviétiques, cette classe qui bénéficiait de privilèges spéciaux et d'une préférence économique grâce au monopole administratif qu'elle détenait.

La famille de Vladimir n'appartenait pas à proprement parler à la nomenklatura. Elle aurait pu en faire partie si son père, héros de la guerre, n'était pas mort.

Dans les années cinquante, la nomenklatura du Politburo comprenait les ministres, le directeur de l'Académie des Sciences, les directeurs des grands journaux, les chefs du Parti de toutes les républiques et provinces, les ministres adjoints des ministères les plus importants, l'ambassadeur à Paris et ceux de quelques autres grandes capitales, ainsi que le secrétariat du Comité central du Parti.

Appartenant ainsi au cercle enchanté des puissants, ces derniers menaient une vie très agréable. Sous Staline, entre piano et valets, cours de français et leçons d'équitation, ils singeaient l'ancienne noblesse. Sous Brejnev, entre voyages à l'étranger et chaînes hi-fi, voitures importées et whiskies de dix-huit ans d'âge, ils jouaient aux grands patrons capitalistes. Mais, ils le savaient, rien ne leur appartenait en propre. En URSS, tout était, en dernier ressort, patrimoine du peuple, c'est-à-dire du Parti et donc, au sein du Parti, des quelques principautés qui s'y étaient peu à peu constituées pour des raisons aussi opaques qu'indiscutables.

L'URSS où grandit Vladimir était une mosaïque de castes et d'ethnies, de féodalités et de clientèles. Certes, tout le monde était soviétique, mais chacun portait au fond de soi sa propre identité, son origine ethnique et religieuse, sa famille, le souvenir de deuils et d'épreuves souvent terribles, les amitiés et les protections qui avaient jalonné les destins des parents, des grands-parents, les fraternités nouées au travail, à la guerre, en prison, au goulag.

Pour entrer dans la nomenklatura, il fallait se pourvoir d'une « biographie » couvrant non seulement les études et la carrière professionnelle, mais aussi l'environnement familial. Passé un certain point, cependant, le mystère était de mise. Certains avaient en effet intérêt à modifier ou à travestir leur profil officiel. Ainsi, les membres de nationalités minoritaires préféraient passer pour des Russes, les Juifs pour des non juifs, les musulmans pour des descendants de Tatars christianisés et russifiés de longue date. Puis, selon les fluctuations de la haute politique, certaines attaches familiales ou certaines amitiés cessaient d'être des atouts et devaient être gommées. Entre amis, on laissait entendre d'où on venait vraiment. Les Russes « de souche » se déclaraient alors passionnément orthodoxes, quand bien même cela ne consistait qu'à collectionner les icônes ; les Juifs se mettaient à parler yiddish ou hébreu ; les Arméniens et les Géorgiens entonnaient leurs tristes mélopées.

— Tout à l'heure, nous évoquions la convivialité des cours d'immeuble, dit Vladimir ; eh bien, quand nous passions à table, les différences, après avoir séparé, réunissaient : les uns offraient de la viande, les autres leurs boulettes de poisson et leurs pains nattés, les Caucasiens leurs brochettes et leurs vins. Tous redevenaient soviétiques.

Finalement, la seule identité qui comptait s'acquérait par soi-même, par le travail et le talent, et ensuite au fil de rencontres, de services rendus, de mérites reconnus, d'allégeances partagées. Car, depuis l'époque où les tsars s'entouraient d'esclaves affranchis et depuis ce voyage en Hollande au cours duquel Pierre le Grand n'avait pas hésité à se faire charpentier, il y a toujours eu une veine méritocratique dans la société russe, et un réel respect pour les compétences techniques.

Chaque Soviétique faisait partie d'un cercle d'amis.

– L'amitié n'est pas un vain mot dans mon pays, raconte Irina. Les gens qui se disent amis participent pleinement à la vie des autres. Ils s'entraident. Ils s'organisent. Comme il n'y avait rien dans les magasins d'alimentation, si on y livrait quelque chose, il fallait faire la queue pendant des heures et des heures. L'aide des amis devenait de plus en plus précieuse. Les uns achetaient du sucre, vendu uniquement sur tickets de rationnement, les autres des flocons d'avoine ou de la farine, par dizaines de kilos ; pour eux, leurs enfants, leurs amis. Certains se procuraient des tickets pour acheter des meubles, des téléviseurs ou du jambon allemand, non pas pour eux, mais pour leurs amis.

Lors d'une promenade en compagnie de Natalia Petrovna, nous nous sommes retrouvées devant une vieille bâtisse de cinq étages, laide, néoclassique, entourée d'une haute grille. La façade en granit rouge était affublée d'un porche aux colonnes noires. Deux anciens pavillons de garde en pierre de taille s'étaient affaissés et penchaient l'un vers l'autre. La grille de l'ancienne entrée principale était cadenassée avec une chaîne. Les gens passaient par une petite porte sur la gauche. Des voitures stationnaient devant l'édifice. Des agents du KGB tuaient le temps en bavardant par petits groupes sur le trottoir ; un chauffeur essuyait avec soin l'aile boueuse d'une de leurs voitures ; un autre, portant le chapeau de feutre à petits bords et l'imperméable bleu marine des agents des services secrets en civil, faisait les cent pas à côté des véhicules. Un chauffeur attendait dans une voiture aux sièges rouge vif et surveillait une petite fille assise à l'arrière. Une femme sortit du bâtiment, élégante, en manteau bien coupé bordé de fourrure, chaussée de bottes à hauts talons. Elle monta dans la voiture aux sièges rouges et le chauffeur démarra.

– C'est le principal hôpital du Kremlin, m'expliqua Natalia Petrovna. Vous voyez le grand dôme et les lourdes colonnes, les piliers à la grecque ? C'est le style stalinien.

On m'avait souvent parlé de l'hôpital du Kremlin, mais je le voyais pour la première fois. À vrai dire, ce n'est pas un seul hôpital, mais un réseau d'hôpitaux et de cliniques. Le plus remarquable se trouve juste en face de l'entrée principale de la Bibliothèque Lénine. C'est là que s'éteignit le père de Vladimir en avril 1957. Les hautes personnalités d'aujourd'hui préfèrent des endroits plus discrets, comme la clinique de Kountsevo, dans le quartier des datchas de l'élite, où les dirigeants reçoivent des soins médicaux particuliers.

Nikita Khrouchtchev

Fédorovski fit ses premiers pas sous Staline et grandit donc sous l'ère khrouchtchévienne. Le cimetière de Novodevitchi où est enterré Khrouchtchev demeure un haut lieu de pèlerinage pour Vladimir. Tant d'écrivains, de musiciens y ont leur sépulture. D'autres visitent ce panthéon de la nomenklatura communiste pour admirer le singulier mélange d'art pompeux et de réalisme socialiste fixé par les sculpteurs sur les pierres tombales. Le tombeau de Monsieur K. suscite à cet égard bien des regards intéressés. Le visage de marbre blanc de cet apparatchik stalinien, qui osa déstaliniser le pays, semble sourdre d'une dalle de marbre noir. Le monument funéraire fut taillé d'une manière particulièrement éloquente par un ancien dissident, autrefois fustigé par Khrouchtchev.

Ce petit bonhomme rondouillard avait tout vu. Inscrit au Parti depuis 1918 et zélateur de Staline depuis 1930, il avait été à deux reprises, avant et après la guerre, le « vice-roi » de Staline en Ukraine, envoyant de nombreuses personnes au goulag. Si les documents permettant de connaître son rôle exact dans la famine organisée en Ukraine, qui fit entre cinq et huit millions de victimes en

1932 et en 1933 n'ont pas été retrouvés, les archives restantes sont suffisamment éloquentes...

Durant la grande terreur des années 1937 et 1938, alors qu'il dirigeait la région de Moscou, Khrouchtchev établit personnellement des quotas « d'éléments socialement nuisibles » ; il signa des listes et donna des ordres, prenant ainsi part à l'exécution de plusieurs centaines de milliers de personnes. Et lorsqu'il devint chef du Kremlin en 1953, à cinquante-neuf ans, il détruisit immédiatement plus de deux cents pages de son dossier personnel, concernant sans doute ses plus graves forfaits.

Selon Fédorovski, la démarche de Khrouchtchev fut marquée par de profondes contradictions. Qui fut-il en réalité ? L'homme de la déstalinisation ou le sauveur du système totalitaire ?

S'il projeta une certaine lumière sur les crimes de Staline, son but fut néanmoins de perpétuer la domination du Parti communiste en continuant à renforcer la nomenklatura. Son fameux « rapport secret » exonérerait également la classe dirigeante des crimes de l'ère précédente, en rejetant la responsabilité exclusivement sur Staline et son âme damnée, Beria.

Mais le jovial successeur de Staline, qui me fit tant rire lorsque j'étais enfant en tapant sur la table avec son soulier, ne pouvait pas imaginer qu'en critiquant le culte du chef auréolé, il venait aussi de porter un coup décisif au système soviétique. En dévoilant que le Parti s'était laissé guider par un « psychopathe », il mettait en cause « l'infaillibilité doctrinale » et condamnait le principe de la « religion politique » qui fut, comme nous l'avons vu, à la base du système. En rompant avec le mythe de Staline, il déclencha le processus irréversible qui devait mener trente-cinq ans plus tard à la chute de l'Union soviétique... Et, à court terme, le « rapport secret » déboucha sur l'insurrection de Budapest à l'automne 1956. La nomenklatura qui n'appréciait guère les réformes improvisées de Khrouchtchev le remplaça par Brejnev en 1964. Et en 1967, un certain petit garçon câlin, bavard et facétieux était devenu un jeune homme. Grâce à un ami de son père, Mirochnitchenko, compagnon de guerre et Ukrainien lui aussi, qui dirigeait l'Institut des relations internationales de Moscou, le fameux Mgimo, Vladimir put intégrer cet établissement. Il y étudia le français, l'anglais et l'arabe, prédestiné à passer toute sa vie au Proche-Orient, sans jamais mettre les pieds en France dont la civilisation le fascinait depuis toujours.

– Le Mgimo, explique Vladimir, c'était alors pour l'URSS ce que Sciences Po peut être pour la France : 90 % des cadres du ministère soviétique des Affaires étrangères étaient issus de cet établissement. La plupart des cadres de l'actuel ministère russe des Affaires étrangères et des services diplomatiques de la majorité des États ex-soviétiques sont encore dans ce cas[1]. Un écriteau à l'entrée du Mgimo avertissait : « Présentez vos laissez-passer ouverts », mais un signe de tête désinvolte et une démarche assurée suffisaient à faire passer un intrus devant les gardiens. L'établissement n'avait rien d'exceptionnel, le tableau des cours et la bibliothèque avec ses livres et journaux occidentaux ne le distinguaient pas beaucoup des institutions soviétiques les plus ordinaires.

---

1. D'autres organisations, comme l'agence de presse Novosti (qui insistait sur la loyauté politique et que les services de renseignements occidentaux considéraient comme une branche du KGB), ou l'Institut des USA et du Canada, étaient réputées pour plaire également à l'élite politique. D'autres, grâce à leurs relations, trouvaient des emplois de choix dans des maisons d'édition ou des instituts de recherche traitant avec l'étranger.

Les tableaux de service affichaient des articles sur la préparation militaire avec des passages soulignés en rouge pour indiquer combien dépensaient les pays occidentaux pour la Défense nationale. Quant aux salles de cours, elles rappelaient plutôt les vieilles écoles des années vingt avec leurs pupitres de bois blanc tachés d'encre et gravés d'initiales.

Peu d'étudiants « ordinaires » parvenaient à entrer au Mgimo parce que, tout en n'étant pas un institut secret, il n'était pas mentionné sur la liste des établissements éducatifs supérieurs. « Il fallait avoir de très hautes recommandations pour entrer au Mgimo », m'a avoué Vladimir en me citant une vingtaine de fils et de filles d'officiels du Parti et du gouvernement qui y avaient été inscrits grâce à leurs relations. En fait, l'ensemble des étudiants constituait une espèce de club privé de l'élite, que les Russes appelaient par dérision les *sovietskie detki* – les gosses des soviets.

Par bien des côtés, cette élite faisait preuve d'un sentiment de classe à tous les âges. Ainsi, l'épouse d'un médecin fortuné m'a raconté que son fils alors âgé de huit ans n'osait pas inviter des camarades chez lui. Il ne voulait pas que les autres voient comme sa famille vivait bien ; jusqu'au jour où il se lia d'amitié avec le fils d'un général bien connu et comprit que lui aussi ne vivait pas si mal...

Si l'un d'entre eux ne jouait pas le jeu, il était obligatoirement évincé, comme ce professeur, membre du Parti, qui fut renvoyé pour avoir refusé d'obéir au doyen. Celui-ci lui ordonnait de donner les meilleures notes aux enfants des membres de l'élite.

Je me souviens, s'amuse Vladimir, qu'il y avait une foule d'étudiants dont le travail était déplorable, mais ils étaient protégés du renvoi par leurs relations familiales.

Le plus illustre de ces cancres s'appelait Igor Chtchelokov, fils du ministre de l'Intérieur de Brejnev. Il passait son temps à boire et à faire la fête dans la datcha de son père, arrivait en Mercedes et ne cachait pas sa certitude d'obtenir la moyenne quoi qu'il fît. Igor était tellement mauvais en anglais qu'il aurait dû être renvoyé, mais dans sa cinquième année il obtint, en tant que « chargé de mission de travaux pratiques », le privilège d'être envoyé à l'ambassade soviétique en Australie, alors que ses notes auraient dû le disqualifier.

Les condisciples de Fédorovski auront néanmoins des postes importants dans la Russie d'aujourd'hui. Beaucoup d'ambassadeurs, deux ministres des Affaires étrangères (Lavrov et Kosirev), et même le recteur actuel de l'Institut des relations internationales.

Le jeune Vladimir, dont j'ai là aussi consulté les notes, n'était pas un cancre, mais il ne figurait pas parmi les meilleurs élèves durant ses deux premières années à l'Institut. En revanche, sur ces cinq années, les trois qui suivirent son mariage furent brillantes.

L'Institut des relations internationales de Moscou admettait aussi les enfants de dirigeants des pays satellites, et les soirées du Mgimo se passaient dans une ambiance strictement occidentale. On pouvait y croiser les petits-enfants des dirigeants de l'époque, de Brejnev à Kossyguine. Le petit-fils du ministre des Affaires étrangères, Gromyko, était le guitariste du groupe pop des étudiants.

– Je ne crois pas avoir entendu jouer un seul air russe au cours de ces fêtes. C'était uniquement les Beatles, les Rolling Stones et des tas d'autres airs occidentaux chantés en anglais, raconte encore Vladimir.

Se rendait-il compte à ce moment-là de la déchéance de son pays ? Il n'avait que seize ans en ce mois de janvier 1967... et il était amoureux.

Pour les besoins de mon enquête, j'ai retrouvé les meilleurs amis d'enfance de Vladimir et d'Irina [1]. Je leur ai posé à tous la question : croyiez-vous à l'idéologie que l'on vous inculquait? Leur réponse fut identique : « Nous nous en fichions pas mal, nous avions la tête ailleurs. Nous étions tous passionnés de poésie et de théâtre, mais notre préoccupation essentielle était nos premières amours. »

Pour aller faire du ski durant les vacances, quand on habitait Moscou, il suffisait de faire quelques dizaines de kilomètres. Skier était très vivifiant, mais bavarder avec ses amis l'était tout autant. Ainsi, sous un sapin palabraient deux groupes de jeunes gens. Dans l'un se trouvait Vladimir, dans l'autre une petite jeune fille de quinze ans à la frêle silhouette. « Il m'a tout de suite plu, dit Irina. Ce sont ses yeux qui m'ont plu. » Elle demanda donc à son amie dont le cousin discutait avec Vladimir de la présenter. Très vite, Vladimir ne parvint plus à détourner son regard des gouttes de neige fondue luisant sur les longs cils de la jeune Irina...

---

1. Tatiana Orlova, Elena Yonova, Andreï Tchichkov et Andreï Vdovine.

Irina

Difficile d'imaginer caractères plus opposés. Vladimir, avec son sourire facile et ses gestes spontanés, avait un tempérament méridional. Irina était une jeune fille sérieuse et pondérée. Jolie, intelligente et cultivée, elle était très populaire parmi les étudiants de l'Institut des langues étrangères où elle étudiait le français, l'anglais et l'italien. Ils se retrouvaient souvent au club des étudiants ou encore dans leur foyer. Toujours bien mise, elle arborait des blouses colorées et de modestes souliers, mais Vladimir, bien que sensible à cette élégance, regardait en secret le galbe de ses mollets. Devant la froideur apparente de sa bien-aimée, il ne pouvait évidemment pas poser la main sur son genou ou passer le bras sur son épaule, et encore moins l'embrasser. Rien d'étonnant si leurs relations ne tardèrent pas à traverser une crise. C'était en plein hiver, une neige fine couvrait la boue gelée des trottoirs moscovites. Ils se rendaient tous deux à un concert. Contrairement à son habitude, Irina demeurait silencieuse. Elle se contentait de répondre par onomatopées quand elle déclara soudainement d'un ton tranchant : « Nous devons cesser de nous voir. »

– En réalité, raconte Vladimir, elle était jalouse, car la veille, j'avais beaucoup parlé avec sa meilleure amie, Tatiana...

Vladimir crut défaillir. Depuis qu'il l'avait rencontrée, il ne pouvait plus imaginer sa vie sans elle. Il continua à marcher sans rien dire.

– Nous ne devons plus nous voir, répéta-t-elle sèchement.

– J'attendrai, se contenta-t-il de répondre.

Il ne dormit guère la nuit suivante. Le lendemain, une véritable tempête de neige s'abattit sur la capitale. À travers les fenêtres, les maisons apparaissaient bleutées. Une force irrésistible poussa le jeune homme à se rendre au lieu habituel de leurs rendez-vous, un square situé devant le monument de Pouchkine. Désormais, ils ne devaient plus se quitter. Flânant sur les boulevards de Moscou, ils se confiaient leurs pensées les plus secrètes, parlant de tout, de leur enfance, de leurs premiers émois, du dernier livre qu'ils avaient lu ou de la pièce qu'ils avaient vue; parfois de politique. Au cours de leurs conversations, ils évoquaient souvent la littérature française, parlant de Balzac et de Flaubert comme s'ils étaient leurs contemporains.

À l'époque, Vladimir se lia d'amitié avec la famille du peintre Volkov (1886-1957), dont l'épouse, Svetlana Zavadovskaïa, était professeur. Cette femme avait passé son enfance en France, ses parents avaient fui la révolution et, après la guerre, étaient rentrés en Russie soviétique. Son père, célèbre orientaliste, fut un personnage important pour Vladimir, et Irina devint bientôt l'élève de Mme Zavadovskaïa.

Braver le froid, comme boire de la vodka, fait partie d'un rite de virilité chez les Russes. En ce matin de février, l'excitation était à son comble : M. Zavadovski avait tenu son pari et faisait partie des soixante « morses » – comme les Russes appellent leurs nageurs en hiver – qui devaient plonger dans la Moskova. Bien sûr, Vladimir et

Irina étaient aux premières loges. Il ne faisait que moins trente degrés après tout ! Les deux jeunes gens n'étaient pas les seuls à regarder ces baigneurs d'âge mûr aux cheveux blancs sortir des cabines en petit short et en bonnet de bain. Au parc Gorki, des centaines de patineurs s'arrêtèrent pour regarder le spectacle. Irina frissonnait à les voir avancer quasiment nus dans la glace et dans la neige, jusqu'au bord de la rivière, et plonger ensuite l'un après l'autre dans l'eau brune. M. Zavadovski exécuta un crawl sans défaillance, mais la plupart des nageurs gardèrent la tête hors de l'eau et pataugèrent aussi longtemps qu'ils purent le supporter. Un marin en uniforme souleva les applaudissements en plongeant tout habillé. Pour les photographes, plusieurs dames d'un âge respectable barbotèrent aussi le long d'une barque. Irina eut toutes les peines du monde à empêcher Vladimir de rejoindre les baigneurs. Vous pensez ! Dévoiler son anatomie et son courage en un seul geste devant sa belle ! L'occasion était rêvée !

– Ce n'est pas encore de notre âge ! le tança tendrement Irina.

Dans la société soviétique, les couples non mariés n'avaient aucune possibilité d'organiser des rendez-vous amoureux en dehors du mariage et n'étaient pas admis dans les hôtels, même s'ils pouvaient payer. Et bien qu'ils n'eussent pas terminé leurs études, nos tourtereaux se marièrent bientôt. Le 3 juillet 1970 à Moscou, une fête accueillit tous leurs amis dans la salle de restaurant d'un hôtel très en vogue : le Pékin.

Puis, en 1972, Vladimir obtint son diplôme avec mention et sortit du Mgimo pour être nommé attaché de l'ambassade soviétique en Mauritanie.

Comme tout le monde ou presque en Union soviétique, Vladimir et Irina vivaient une émigration intérieure. Vladimir sait ce qu'il coûte d'être double, triple, déchiré, schizophrène. À penser une chose, dire une autre et agir différemment, faire semblant de plier tout en gardant son identité. En tout état de cause, cette attitude fut payante, puisque malgré le fait qu'il ne fût pas membre de la nomenklatura, on lui octroya la possibilité d'aller travailler à l'étranger.

Celui qui allait à l'étranger gagnait vingt fois plus qu'un collègue ayant le même diplôme en Union soviétique. Et pour Vladimir, cela était important, car un an après leur mariage naquit Anna, leur petite fille. Irina, devant terminer ses études, ne suivit cependant pas son mari et passa encore neuf mois à Moscou avant de le rejoindre en Afrique.

La Mauritanie, premier voyage à l'étranger

Vladimir arriva à Nouakchott en septembre 1972. Jadis petit fort colonial de quelques centaines d'âmes décrit par Saint-Exupéry dans *Terre des hommes*, la ville compte de nos jours près de huit cent mille habitants. Dans les années trente, avec la construction de l'Impériale reliant Casablanca à Dakar, la localité devint un relais pour les nomades et une étape entre Atar et Rosso. Le village fut emporté par les eaux en 1950 et les habitants s'installèrent dans un nouvel emplacement, un peu plus à l'ouest. En 1957, Nouakchott devint la capitale mauritanienne en lieu et place de Saint-Louis, qui fait maintenant partie du Sénégal [1]. L'indépendance de la Mauritanie fut proclamée le 28 novembre 1960 malgré l'opposition du Maroc et de la Ligue arabe unie, qui prétendirent que le pays faisait « partie intégrante du Maroc » et refusèrent de reconnaître l'existence même du nouvel État. En 1970, la signature d'un traité à Casablanca mit un terme aux revendications marocaines.

---

1. La grande sécheresse de 1973-1976 déversa sur Nouakchott une grande masse de ruraux. Entre 1972 et 1975, la population passa de 40 000 à 145 000, puis à 450 000 habitants dix ans plus tard.

Trois ans plus tard, la Mauritanie intégrait la Ligue arabe unie.

Le mariage de l'océan et du désert ou, inversement, l'affrontement des deux éléments rappelaient à Vladimir la peinture moderne qu'il affectionne tant :
– Les courbes des dunes ocre virant au rose, selon la lumière et le bleu de la mer : des courbes à l'infini...

Pour le jeune diplomate, ce fut la découverte de la liberté. Il put alors lire tranquillement la presse occidentale, écouter les radios. Il se fit des amitiés pour la vie. Le contrôle du KGB était allégé.

– C'était le bout du monde et nous vivions en vase clos, se souvient-il avec émotion. Mais, ajoute-t-il, c'était une chance, car ce pays ne représentant pas une grande valeur stratégique pour l'URSS, la pression idéologique était moins forte.

Pendant ce temps à Moscou, Irina faisait la découverte du monde diplomatique. Elle fut ainsi reçue par l'épouse du ministre conseiller de l'ambassade de Mauritanie, qui désirait faire sa connaissance. La jeune femme fut très déçue par cette première rencontre :
– J'étais abasourdie, dit-elle. Non seulement la dame ne présentait pas bien, mais elle avait aussi un parler indigne de sa fonction.

Neuf mois plus tard, Irina et leur petite fille Anna arrivaient enfin à Nouakchott.

Depuis la révolution d'Octobre, les femmes avaient été tenues à l'écart des « affaires ». La devise des Russes moyens à l'égard de leur épouse était d'ailleurs : « Moins tu en sauras, mieux cela vaudra. » Cependant, Irina allait toujours être étroitement associée à la carrière de son mari. Dans sa vie privée, comme en public, le couple affichait l'acceptation des différences, faisant fi des rapports dominant/dominé, n'hésitant pas à souligner son « attachement aux traditions démocratiques françaises ».

Si son bateau avait pris le large, comme elle disait, Irina arrivait cependant dans la petite communauté européenne d'une petite ville. Tout était dit avec le mot « petit », car beaucoup de problèmes viennent de la promiscuité. Jusque-là, elle avait rencontré dans sa jeune vie des personnages dont elle avait une haute opinion. Le microcosme de l'ambassade allait lui en faire découvrir les bassesses :

– Méchants, comme le sont les méchants des contes, bornés et intrigants, ils étaient capables de toutes les vilenies et ne s'intéressaient qu'à l'argent. Mes modestes toilettes étaient décortiquées; mon amour pour la plage et les baignades les insupportaient.

Et voilà que la femme du ministre conseiller (rencontrée à Moscou) exigeait d'elle des leçons de français – gracieusement, il va sans dire.

– Que n'ai-je dû en donner, dit-elle, et en remerciant ceux à qui je les donnais! Mais j'étais trop jeune et innocente. Et je me suis insurgée. Inutilement...

À Moscou, une jeune actrice qui avait apporté à Irina une lettre de Vladimir l'avait prévenue : « Ne vous attendez pas à grand-chose, la Mauritanie n'est pas un vrai étranger (*zagranitsa*)! »

En effet, trois rues en longueur et sept en largeur, bordées de maisons blanches, avec ou sans étage, et de lauriers-roses... Le mois de mars était le pire, à cause des vents de sable.

– Les femmes avaient mal à la tête, se souvient Irina, et restaient couchées toute la journée. Pendant la saison chaude, les gens partaient. La ville subissait des invasions de sauterelles qui dévastaient les jolis jardins entretenus avec soin. Parfois l'eau manquait. Les Chinois construisirent alors un château d'eau près de la ville. Les marchands qui y tenaient boutique pleuraient leur Liban natal.

Les Français venaient faire leur service militaire à Nouakchott; les coopérants cherchaient à se caser, les Russes, et bien d'autres, à y gagner de l'argent.

Le couple se vit octroyer une chambre dans une villa de représentation. Il pouvait disposer de la cuisine, sauf les jours de réception, quand toutes les femmes de l'ambassade y venaient pour mettre la main à la pâte et préparer salades et *pirojkis* (comme plus tard à Paris). Vladimir et Irina eurent en effet la chance de ne pas être logés dans un appartement communautaire, comme presque tous les employés de l'ambassade en Mauritanie. À l'étranger, le principe des appartements communautaires était encore davantage de rigueur qu'en URSS.

– D'abord, cela soulageait la conscience des gens qui souffraient, malgré la belle vie autour d'eux. Et cela facilitait la surveillance, poursuit Irina.

La villa était entourée d'un jardin dont Irina profitait chaque matin pour lire, ce qui était défendu par un oukase (décret) du ministre conseiller : l'ennemi, la CIA ou la DST pouvait savoir à quelles lectures elle s'intéressait et... la faire chanter!

Rien ne devait transparaître des traits de caractère du personnel de l'ambassade.

Puis Vladimir tomba gravement malade de la fièvre typhoïde. Voyant son mari dépérir, Irina courut naturellement chercher un médecin, un Français[1], qui l'accompagna sur-le-champ au chevet de Vladimir. Ayant

---

1. Le docteur Duclous, aujourd'hui établi dans le Limousin.

été vue dans sa voiture, elle fut aussitôt dénoncée au ministère pour mauvaise conduite par quelqu'un de bien intentionné... Tous les contacts avec un étranger devaient en effet faire l'objet d'un rapport à l'officier du KGB de l'ambassade.

– Un jour, raconte encore Irina, nous avions invité un couple russe à prendre le thé chez nous. Sur une table traînaient des papiers noircis par l'écriture de Vladimir, qui prenait toujours des notes. Eh bien, le mari présenta un rapport au secrétaire du Parti de l'ambassade sur sa perte de vigilance, car il n'aurait pas dû garder chez lui ses écrits. Ah, ces pauvres cornichons! ajoute-t-elle avec une certaine compassion, ils n'étaient pas nés salauds et délateurs. Le système les a rendus ainsi. Ils le sont devenus pour survivre...

Mais au milieu de cette noirceur, une fois encore, il fallait effectivement vivre.

– Il me semble parfois que le monde est régi par la loi des compensations : chaque fois qu'il y a une perte vient une trouvaille; à chaque souffrance il y a une joie; chaque bonheur est équilibré par un malheur. « Pour que la vie ne vous semble pas tout miel », dit un dicton russe. Toutes mes expériences douloureuses ont toujours été récompensées par la chaleur des contacts humains, par les amitiés.

En Afrique, le couple connut des Français et des Marocains, des Sénégalais et des Allemands, des Italiens, des Espagnols et, bien sûr, des Mauritaniens. Tout ce petit monde se rencontrait dans les réceptions et les dîners, sur la plage, ou chez les uns et les autres.

– L'ambiance était unique. Il y avait à Nouakchott une trentaine d'ambassades dont les membres se côtoyaient. À part un architecte américain et un comptable français, tous les gens que nous rencontrions étaient des diplo-

mates. Si tout le monde savait plus ou moins qui appartenait à quel service, du KGB aux services français ou à la
CIA, tous feignaient de l'ignorer. Et nous étions heureux
comme ça.

Le meilleur ami du couple à Nouakchott, Georges
Vladut, était conseiller du président mauritanien, représentant de la communauté européenne et ministre pléni-
potentiaire .

– Nous étions jeunes, nous aimions danser, et la villa
de Georges devint une sorte d'attraction.

La villa bien placée en face de la cathédrale et proche de
l'ambassade de France était entourée d'un mur. Lorsqu'il
s'y installa, M. Vladut entreprit d'y faire un très beau jardin. Il compléta le mobilier puis aménagea une partie de la
terrasse en salle de danse avec musique et lumières.

– La première fois que je vis les Fédorovski, raconte
M. Vladut, c'était lors d'une réception à l'ambassade rou-
maine. L'ambassadeur me désigna un couple appuyé le
dos au mur de la terrasse. Il m'expliqua qui et comment,
puis me dit : « Vous devriez inviter la jeune dame à danser. » Quelques jours après, il y a eu l'inauguration du
palais culturel construit par les Chinois ; j'y suis allé et je
fus accueilli par une jolie dame : c'était Irina. J'ai pris en
sympathie ce couple quand je l'ai vu, un jour qu'ils partaient je ne sais plus où, assis tous les deux, faire leur
signe de croix et dire une prière. Et je me suis dit que ces
jeunes gens avaient besoin d'une aide morale.

Dès lors, les Fédorovski ne manquèrent pas une soirée
chez Georges Vladut.

– Imaginez tout ce monde hétéroclite, le chef de la
mission espagnole de l'Espagne encore franquiste qui
allait devenir secrétaire d'État et ceux des Affaires étrangères de l'Espagne démocratique, le Soviétique que j'étais
qui débarquait du rideau de fer, le correspondant de

l'Agence France-Presse qui n'était autre que Jean-Christophe Mitterrand, le fils du futur président français et enfin Georges Vladut, ce Roumain blanc deux fois condamné à mort par contumace par les communistes. Bien que la politique fût bannie des conversations, nous engagions parfois des débats passionnés.

Puis en 1976, quelques mois après que Georges Vladut eut quitté la Mauritanie, les Fédorovski rentrèrent à Moscou. Le retour fut difficile, comme pour tous les expatriés.

Comme l'explique Vladimir, avec le petit pécule gagné en Mauritanie et « beaucoup de mal », il acheta un appartement en coopérative dans un quartier éloigné de la capitale soviétique.

– Avec moins de mal sont venus les meubles et une voiture, ajoute-t-il. À notre âge, posséder un appartement et une voiture était un luxe ! La plupart de nos amis, quoique mariés, vivaient avec leurs parents et avaient peu de chances de s'offrir un logement ou encore de s'en voir attribuer un par l'État.

Le couple organisa à sa façon sa nouvelle existence, recevant des amis en essayant de reconstituer en quelque sorte l'atmosphère mondaine de Nouakchott. Mais la vie quotidienne à Moscou était difficile ; de plus, leur quartier était si éloigné que chaque sortie devenait un calvaire. Il fallait prendre le métro puis un autobus qui circulait rarement et finir à pied, car en hiver les routes n'étant pas débarrassées de la neige, il n'était pas question de prendre la voiture.

À cette époque, ses connaissances de l'arabe accélérèrent la carrière de Fédorovski, le propulsant d'une manière impromptue dans l'entourage de l'omnipotent Brejnev, alors secrétaire général du PC soviétique [1].

---

1. En automne 1964, Nikita Khrouchtchev fut limogé à la suite d'un complot ourdi par les boyards du Kremlin désirant assurer leurs postes menacés par les réformes. Leonid Brejnev lui succéda (1964-1982).

– C'est tout simple, déclare-t-il avec humour, je connaissais l'arabe, parlais d'une manière audible et Brejnev était sourd !

Ainsi devint-il en 1976 son interprète auprès des dirigeants des pays arabes.

Leonid Brejnev

Ce Méridional, natif d'Ukraine, était un maître en intrigues politiques, jovial amateur de chasse, de bonne chère et de voitures de sport. Lorsqu'il arriva au pouvoir, c'était un homme d'une cinquantaine d'années, énergique et pugnace. « Devenu chef du Kremlin, Brejnev laissa ouvertement s'exprimer son narcissisme », dit Vladimir. Effectivement, sa préoccupation essentielle était de se maintenir en grande forme : il nageait quotidiennement deux heures. Le KGB avait minutieusement choisi un coiffeur qui, deux fois par jour, venait dompter son épaisse chevelure. Chaque semaine, il s'adonnait à sa passion, la chasse.

La vie quotidienne de Brejnev était sans fantaisie : il habitait une datcha de trois étages, bâtisse sans âme typiquement soviétique, située à une dizaine de kilomètres de Moscou. Chaque jour, il pratiquait le même rituel. Vers neuf heures, il partait pour le Kremlin après avoir pris son petit déjeuner en compagnie de sa femme et de son garde du corps du KGB, puis revenait dîner tard et parlait peu. Il lisait en diagonale les documents officiels qu'on lui soumettait et se contentait de signer les résolutions préparées par ses assistants.

Sous Brejnev, le Parti se mua en mafia. Les deux

mondes – de la politique et du crime – ne firent en effet plus qu'un, sous l'égide de services secrets soviétiques guidés par leurs intérêts propres. Utilisant à la fois les « biens du peuple » et la main-d'œuvre rétribuée par l'État, la nouvelle économie de l'ombre se mit insidieusement en place. Ainsi, incroyablement fertile, le terreau du « marché noir » favorisa la reproduction en chaîne des premiers millionnaires rouges.

Tout commença avec des ouvriers qualifiés débrouillards et voulant nourrir décemment leur famille, qui n'admettaient plus que des montagnes de résidus (textiles, cuirs, métaux) finissent à la décharge. Ils élaborèrent donc des projets permettant de réutiliser ces matériaux à l'intérieur de l'usine en achetant des complicités : à commencer par le directeur, lui-même couvert par le parapluie hiérarchique du Parti de la ville, de la région et ainsi de suite, tous très généreusement arrosés. Sans oublier les gradés des commissariats, les miliciens, le pompier de service, le procureur, le directeur du magasin (qui revendait cette production fantôme) et les fonctionnaires des organismes de contrôle (frappés de cécité à la vue de comptoirs remplis d'objets « non reconnus », enregistrés nulle part et fabriqués par personne).

Très vite, cette initiative « novatrice » inspira les patrons d'entreprise. Bientôt, des ateliers semi-clandestins se montèrent un peu partout. Tous complices, les responsables attestaient par écrit que telle quantité de matières premières avait été endommagée ou égarée durant le transport. Mais pour que cette industrie clandestine puisse prospérer, les responsables d'entreprise devaient continuellement l'alimenter en matières premières tout en s'assurant les bonnes grâces du pouvoir, de plus en plus onéreuses.

Dans le secteur de la production officielle fleurirent

alors les bilans truqués qui permettaient aux fraudeurs d'empocher des primes, de se faire attribuer promotions et décorations indues. Ainsi commença le règne des imposteurs, quand la nomenklatura du Parti-État s'enrichit de manière éhontée sur le dos des Soviétiques. Dès lors, présent et avenir leur semblaient radieux [1]. Dans ce théâtre de l'absurde décrit par Vladimir, le monde criminel refusant d'être emprisonné tandis que les dignitaires volant l'État vivaient dans le luxe, commença à s'agiter. Les grands criminels déclarèrent la guerre à l'intouchable nomenklatura. Tous les moyens étaient bons : chantages, tortures, rapts, incendies. Bientôt, les millionnaires clandestins se virent obligés de payer un lourd tribut au sommet de la pyramide mafieuse afin de faire protéger leurs activités, et à la base pour sauver leur vie et celle de leurs proches. Vaincue, la nomenklatura pactisa avec la pègre, acceptant de protéger les criminels de sang, lesquels, en échange, l'arrosaient sans compter. Totalement banalisés, les pots-de-vin grimpèrent les étages des ministères, se faufilant jusque dans l'enceinte du Kremlin...

– Je fus moi-même un peu surpris par les somptueuses réceptions données dans le salon Saint-Georges du Kremlin, raconte Vladimir.

---

1. Selon les experts russes, à l'aube des années quatre-vingt-dix, cette production fantôme constituait environ 30 % du PNB, occupant un ouvrier sur cinq.

« L'ambassade des princes »

– Ma chance, explique Fédorovski, c'est d'avoir appris plusieurs langues étrangères : l'anglais, bien sûr; le français, idiome de prestige par excellence, et de surcroît langue diplomatique de l'Union soviétique; et l'arabe, langue exotique, difficile, mais dont l'importance stratégique ne faisait que s'étendre à mesure que l'URSS renforçait son alliance « anti-impérialiste » avec le monde islamique.

Un jour, on me convoqua au Kremlin pour servir d'interprète entre Brejnev et le président algérien Houari Boumediene; celui-ci utilisant parfois des formes dialectales influencées par le français, il semblait utile de faire venir quelqu'un qui parlât également cette langue. Brejnev fut content de moi et me fit revenir pour d'autres leaders arabes, du Libyen Muammar al-Kadhafi au Palestinien Yasser Arafat. En vérité, la tâche n'était pas trop difficile : ces entretiens se déroulaient à un niveau très général et dans un ruissellement de termes abstraits. Une fois les deux parties rassurées sur leur affection réciproque et leur convergence d'intérêts face à l'Occident et au sionisme, les détails de leur coopération étaient laissés, d'un côté comme de l'autre, aux exécutants. Ainsi ai-je visité le Kremlin en compagnie de Saddam Hussein.

C'est comme cela que j'ai eu accès à la fameuse bibliothèque de Staline.

Pendant ce temps, Irina enseignait le français à l'école supérieure des langues vivantes qui portait à l'époque le nom de Maurice Thorez. Comme elle était une des plus jeunes recrues, elle avait les heures de cours les plus inconfortables : huit heures du matin ou dix heures du soir (pour ceux qui suivaient les cours du soir). Elle remplaçait aussi tous les professeurs malades, sans autre rétribution. De plus, elle devait prendre part à la « vie publique » de la faculté, c'est-à-dire participer aux réunions des jeunesses communistes, aux discussions, écrire des articles et lire des thèses. À cela s'ajoutaient trois heures de transport par jour.

– Ma fille était petite, raconte Irina. Mes parents m'aidaient beaucoup. Je sentais la vie me prendre dans son engrenage, quand le matin avant d'aller aux cours, je prenais le métro pour déposer ma fille chez maman. J'étais fatiguée. Je ne voulais plus rien. Même mon idée fixe d'être heureuse malgré tout ne me disait plus rien.

Puis en 1977, Vladimir rentra chez lui un soir en disant à sa femme que « si tout allait bien » – l'éternel refrain des Russes –, ils partiraient bientôt pour la France...

Son visage s'éclaire lorsqu'il raconte :

– Un beau jour, Brejnev m'a demandé quelle affectation, dans le service diplomatique, « me ferait plaisir ». Du tac au tac, je lui ai répondu : « Paris. » C'était quand même culotté ! Je savais bien que c'était « l'ambassade des princes et des princesses », réservée aux fils et aux filles des hiérarques les plus puissants. Mais la faveur du secrétaire général l'emporta sur toute autre considération !

Inutile de dire que, ce soir-là, Irina eut peine à croire, non pas son mari, parce qu'il n'est pas homme à promettre ce qu'il ne peut pas tenir, mais à ce miracle. La France ! C'était pour les enfants des conseillers de Brejnev et des hauts fonctionnaires du KGB, mais pas pour eux ! En effet, un ange gardien veillait en secret. Ce bon génie était Alexis Chvedov. Cet homme, qu'au ministère des Affaires étrangères on appelait « le faiseur d'ambassadeurs », fut le premier maître de Vladimir dans sa profession de diplomate. Je me souviens de ce petit homme très soigné, rencontré à Paris à l'hôtel Folkestone près de la Madeleine. Féru de philatélie, il aimait le marché aux timbres du rond-point des Champs-Élysées.

Alexis Chvedov, à qui Vladimir ne cesse de rendre hommage, aurait pu être ambassadeur dans des pays européens, mais il préféra rester chef du premier département africain – dont Fédorovski faisait partie. Il fut néanmoins ambassadeur au Maroc. De nombreux pays étaient nés après la décolonisation, il avait la possibilité de pousser les jeunes diplomates à devenir ambassadeurs de ces petits pays. Mais il ne se limitait pas à cela. Il les préparait, les formait et les protégeait. Bref, une sorte de Diaghilev de la diplomatie.

Enivré par la perspective de partir pour la France et enflammé par sa fougue, Vladimir fit part de sa joie au chef de la délégation diplomatique, lequel, probablement jaloux, en référa immédiatement à la direction des Affaires étrangères : Fédorovski était trop bavard et par conséquent indigne d'aller en France...

Convoqué chez son patron, le malheureux était anéanti. Après l'avoir sermonné, Chvedov demanda au jeune homme quelle conclusion il devait tirer de cette affaire. Vladimir répondit dépité : « Je n'irai pas en France... » Le diplomate chevronné sourit. « Non idiot ! » dit-il en le pointant du doigt, « ce que tu dois retenir, c'est que tu dois la fermer et ne jamais parler de ce que tu vas faire. »

– Je fus nommé attaché culturel au début de l'année 1978, au moment même où l'on inaugurait les nouveaux bâtiments du boulevard Lannes, dont la construction avait commencé en 1972 : le « bunker », comme on n'a pas tardé à le surnommer.

La France ! enfin la France ! Et en cette fin du mois de mars, Vladimir et Irina se retrouvèrent à la gare, bourrant leur compartiment de tout ce qui leur semblait nécessaire à Paris, et qui allait s'avérer inutile.

– Ma mère m'a dit qu'elle ne m'avait jamais vue aussi nerveuse. J'avais peur que quelque chose ne nous arrive au dernier moment pour annuler notre voyage, se rappelle Irina. Il y avait peu de neige, le froid était sec. Dans l'air flottait une petite senteur de terre qui se réveille du sommeil hivernal. Le ciel était haut et bleu. Je voulais partir !

Le train s'ébranla enfin et quitta la gare. Irina se détendit.

– Le train nous menait de l'Est à l'Ouest. Nous étions heureux. Nous avons découvert la désolation des plaines polonaises, la timidité cossue des villes allemandes, les canaux belges et... la France !

À la frontière, Irina demanda au douanier quel temps il faisait à Paris. « Le temps, mais c'est le cadet de mes soucis ma petite dame ! » s'entendit-elle répondre. Mais chez les Russes, tout le monde s'enquiert du temps ! Comme nous autres, à la campagne. Qui pour savoir comment s'habiller, qui pour juger du moment de la moisson.

« Quel est donc ce peuple, note Irina avec humour dans son journal, qui ne s'intéresse pas au temps ? Qui marche nu-tête sous la pluie, qui mange des grenouilles, qui s'embrasse à tort et à travers, qui termine les repas avec de la salade et du fromage, qui reste calme dans les situations graves et s'enflamme pour un rien, qui rouspète contre tout et proclame la loi au-dessus de tout ? »

L'arrivée à Paris fut une surprise pour ce couple qui connaissait notre capitale par la littérature. Un éblouissement aussi, devant les petites choses de la vie, les rues séchées par le soleil après la pluie, les tulipes du printemps, la beauté de l'architecture, la propreté. Mais pour que « la vie ne semble pas tout miel » à nos nouveaux venus, l'ambassade soviétique leur alloua tout bonnement un taudis rue du Général-Appert, dans le 16e arrondissement. La petite Anna était tellement écœurée par l'appartement qu'elle donnait des coups de pied dans les murs. L'ambassade des princes ! Vladimir comme Irina eurent longtemps honte d'avouer à leurs amis français à quel point ils étaient mal installés, honte pour leur propre pays.

Le désenchantement dura ainsi deux mois. Puis, grâce aux efforts surhumains de Vladimir, le couple obtint *in fine* un petit appartement au sein de l'ambassade, boulevard Lannes. Chaque week-end, Vladimir, Irina et la petite Anna partaient à la découverte de Paris, à pied. Leur première promenade les conduisit vers l'avenue Foch, les Champs-Élysées ; la deuxième, au Trocadéro, rue de la Tour, sur les quais, les Invalides, les palais, l'Opéra...

« Nous étions ravis, tout nous plaisait », se souviennent-ils. Même le fait d'être suivis par des dizaines d'yeux en traversant la cour intérieure de l'ambassade ne parvenait pas à ternir – pour l'heure – leur bonheur.

À la vieille chancellerie de la rue de Grenelle, l'hôtel d'Estrées, héritage des tsars, on flairait encore une odeur de grande puissance. Boulevard Lannes, on s'enfonçait dans le tiers-monde. Isolée du 16e arrondissement bourgeois par une grande avenue, rejetée vers le périphérique et un bois de Boulogne voué à la prostitution la plus sordide, la nouvelle ambassade avait d'ailleurs moins pour fonction de représenter l'URSS que de rassembler le personnel soviétique de Paris sur un seul site, où il était plus facile de le surveiller. Certes, l'architecture occidentale, à l'époque, n'était pas particulièrement élégante. Mais cette espèce de forteresse de cent mètres sur trente-cinq, allait au-delà de la laideur : un bric-à-brac de piliers de béton, d'escaliers monumentaux qui ne menaient nulle part, de lustres trop lourds accrochés à des plafonds trop bas et de tapisseries en fibres synthétiques.

Les seize mille mètres carrés de l'ambassade n'étaient pas tous consacrés au métier diplomatique proprement dit, loin de là. À la « zone de service » *(Sloujebnaya Zona)*, célèbre pour son hall dominé par une massive statue de Lénine en marbre blanc et sa salle de réception de cinq cents mètres carrés, s'opposait la « zone d'habitation » (*Jilaya Zona*) où logeaient Vladimir et Irina, avec ses magasins, sa salle de sport, son école, son garage, son cinéma. Chaque entrée et chaque sortie, de l'ambassade à la ville, ou d'une zone à l'autre au sein du bâtiment, étaient supervisées par un officier des garde-frontières. Celui-ci en référait au service de contre-espionnage dépendant de la Première Direction principale du KGB : l'organe de dépistage et d'élimination des déflecteurs et des saboteurs.

À l'intérieur de ce polygone quasi carcéral, la vie quotidienne soviétique avait été reconstituée comme en URSS : files d'attente devant les magasins, achats octroyés en fonction du grade du diplomate, festivités patriotiques, intrigues et jalousies dont notre couple n'allait pas tarder à faire l'objet.

— Cette quarantaine ne pouvait pas être totale, évidemment, dit Vladimir, surtout pour l'attaché culturel que

99

j'étais. En poste à Paris, au cœur de l'Occident, je ne me privais pas d'y flâner, sans trop m'inquiéter des agents du KGB chargés de me filer. Je ne regardais Paris et la France que pour mieux comprendre la Russie que j'avais laissée derrière moi et vers laquelle j'allais devoir, un jour ou l'autre, m'en retourner. Je croyais avoir été jusque-là un Soviétique lucide. Je découvrais que j'avais péché par excès de confiance et d'optimisme. L'URSS n'avait pas dix ans de retard sur l'Europe occidentale, comme je l'avais cru, ni même vingt, mais cinquante ou soixante.

Les diplomates

Il y a toujours eu deux sortes de diplomates soviétiques en poste à l'étranger : les *tchistye*, « nets », et les autres, les « pas nets », qui effectuaient trois heures de leur travail fictif par jour. Une tension existait d'ailleurs entre ces deux catégories, car leur train de vie était différent.

Les agents du KGB, par exemple, habitaient rarement l'ambassade. Ils louaient des appartements plutôt confortables, toujours dans les beaux quartiers (rue de la Faisanderie, boulevard Suchet, rue Michel-Ange, etc.) et possédaient des voitures sensiblement plus rapides que leur niveau hiérarchique aurait dû leur permettre.

Les diplomates « guébistes » ayant des bureaux fictifs au 6e étage de l'ambassade, il était quasiment impossible de les joindre par téléphone, et la secrétaire du service n'avait pas accès aux numéros de cet étage! C'était donc eux, le plus souvent, qui rappelaient. Encore un indice pour reconnaître les *tchistye* des espions...

D'autres frottements animaient parfois la colonie soviétique, opposant cette fois le KGB et son équivalent militaire, le GRU. Les diplomates prirent l'habitude de surnommer les gens des « Organes » en général les « voisins », qui se partageaient entre « voisins proches », ceux du KGB, et « voisins éloignés », ceux du GRU, souvenir du temps où le Commissariat du peuple aux Affaires étrangères, ancêtre du MID, dans les années vingt, était situé Kouznetski Most, au centre de Moscou : les diplomates avaient là des voisins proches (la GPU, ancêtre du KGB, place de la Loubianka) et plus lointains (le Commissariat du peuple à la Défense, rue Znamenka). Le GRU (renseignement militaire) puisait ses cadres dans une réserve à part, l'Académie militaire diplomatique (VDA). Or, servitude et grandeur militaire, un cadre du KGB gagnait beaucoup plus qu'un officier du GRU, lequel touchait la solde correspondant à son grade, alors que le « guébiste » avait des primes et des avantages en nature (achat de vêtements « occidentaux »). Ses « frais de représentation » lui étaient remboursés automatiquement.

– Pour le compte du tout-puissant KGB, raconte Vladimir, chaque fonctionnaire en poste à Paris devait remplir un maximum de fiches préimprimées (nom, prénom, nouvelles fonctions, circonstances de la rencontre, etc.) sur les gens rencontrés en France. Ces notes étaient à l'attention exclusive des « Organes »; elles n'avaient rien à voir avec les mémorandums diplomatiques résumant tel ou tel entretien, et destinés au MID, que je rédigeais, par exemple.

Dernier type de frictions, et non des moindres : celles qui pouvaient opposer l'ambassadeur à « son » résident du KGB. En fin de compte, qui, des deux hommes, était le vrai patron de l'ambassade? Un ancien ambassadeur répondra évidemment : « L'ambassadeur! » Un ancien résident se contentera de sourire...

Selon Bernard Lecomte, un autre expert chevronné de cette période, la réponse, en réalité, dépendait du pays. C'est-à-dire de la place de l'ambassadeur dans la nomenklatura moscovite. « Dans des capitales petites ou moyennes, en règle générale, l'ambassadeur obéissait au doigt et à l'œil au résident, celui-ci pouvant plus facilement casser la carrière de celui-là. Ce n'était pas le cas à Paris : Tchervonenko, Vorontsov, Riabov et pairs étaient, au minimum, membres du Comité central, et dominaient donc leur résident respectif. Il est vrai que l'institution du résident a subi des variations dans l'Histoire. »

L'emprise des services secrets sur la diplomatie remonte à la grande terreur de 1937 qui avait eu comme première conséquence une prise en main par les services secrets de l'appareil diplomatique dans deux domaines : l'épuration des cadres et le contrôle de la circulation entre l'URSS et l'étranger. Le représentant du NKVD (services secrets de Staline) se retrouva au siège des Affaires étrangères, ayant à sa disposition l'ensemble des dossiers personnels des diplomates qu'il s'employa à étoffer en recueillant les témoignages ou les dénonciations des collègues et des subalternes. Il apparut comme une antenne efficace de Staline pour organiser de l'intérieur l'épuration de la machine diplomatique.

D'autre part, afin d'établir une surveillance étroite du personnel à l'étranger, une série de mesures entérinées par le Bureau politique donnèrent au NKVD et aux services de renseignements de l'Armée rouge le pouvoir réel pour tout ce qui concernait les départs à l'étranger. La commission du Comité central sur les missions à l'étranger fut réorganisée en avril 1937 (elle fonctionnera jusqu'en 1991).

Dans les années soixante-dix et quatre-vingt, le ministère des Affaires étrangères jouait aussi son rôle dans ce domaine, mais celui-ci n'avait rien d'occulte. Tous les appareils diplomatiques de l'époque faisaient de même. L'ambassadeur, le conseiller et les secrétaires d'ambassade tenaient chacun une sorte de journal où étaient consignés le nom de chaque interlocuteur et ses propos, suivis parfois d'un commentaire sur l'intérêt qu'il convenait de leur accorder.

Chaque Soviétique envoyé à l'étranger devait donc passer devant la commission. Celle-ci donnait des instructions sur la manière de se comporter et l'impétrant devait faire le serment écrit de s'y tenir. Chacun pouvait être rappelé à l'ordre.

En ce début des années quatre-vingt, le monde entier se méfiait des Soviétiques. Ceux qui allaient devenir les amis du couple avoueront plus tard qu'ils n'auraient jamais osé les fréquenter à cette époque. Eux-mêmes étaient pourtant les premiers à souffrir de ce qui se passait chez eux. Les gens qu'ils rencontraient voyaient alors en eux les représentants officiels d'un pays totalitaire.

En France, les Russes vivaient un dilemme, car ils étaient riches par rapport à leurs compatriotes et pauvres par rapport au Français moyen. Connaissant Irina, je sais qu'elle n'avait pas son pareil pour dénicher la petite robe qui ferait d'elle une femme élégante. Évidemment, les regards se rivaient sur elle dans la cour intérieure de l'ambassade. Les rumeurs commencèrent à courir et à revenir à ses oreilles : elle s'intéressait trop aux robes pour être « idéologiquement correcte », car un bon communiste ne flirtait pas avec la mode. Chacun de ses actes, tout ce qu'elle disait faisait l'objet d'une attention vigilante et figurait dans son dossier secret qui ne manquerait pas ensuite de devenir un des critères de l'aptitude professionnelle de son mari.

Au tout début de l'année 1982, un ami appela Fédorovski à Paris pour lui signifier que le fils d'un des conseillers de Brejnev était quasiment prêt à le remplacer. Certes, il n'était pas d'usage de prévenir les intéressés de leur prochain départ, ceci afin qu'ils ne fassent pas fonctionner leur « piston » pour prolonger leur séjour à l'étranger. Normalement, le séjour en poste durait cinq ou six ans. D'autres, qui, de l'appréciation générale, étaient moins professionnels que Fédorovski, gardaient leur poste. Alors pourquoi pas lui ? Pour en avoir le cœur net, il demanda officiellement audience auprès de l'ambassadeur Tchervonenko, un homme, disait-on, attentif au « facteur humain ». Il ne fut pas reçu.

Bien sûr, Vladimir avait ses appuis, ce que sa belle-mère appelle un « piston mérité », en opposition à celui de la lignée ou de la caste. Mais cette fois-ci, l'étau semblait se refermer sur nos amis.

Il est beaucoup plus facile de lutter quand on sait contre qui on se bat, et les derniers mois à Paris furent pénibles. En réalité, la vie trop active de Fédorovski commençait à déranger le KGB...

– Ni à l'ambassade, ni même dans notre voiture, nous ne parlions de choses importantes, au cas où nous aurions été surveillés. Nous vivions de plus en plus à double échelle : pour nous, comme nous le voulions ; pour eux, comme ils l'exigeaient de nous. Plus nos yeux s'ouvraient sur le monde, plus nous avions honte de ce qui se passait chez nous. Nous nous disions que cela ne pouvait plus durer. Mais cela durait toujours...

Ils n'y pouvaient rien, voulaient seulement se préserver pour pouvoir agir le moment venu. Et la dissidence, me direz-vous. Mais chacun résiste à sa manière... Les Fédorovski, comme tant d'autres Russes, aimaient leur pays, même s'ils n'étaient pas d'accord avec le régime. Si le couple avait décidé de rester en Occident, leurs familles respectives restées à Moscou en guise d'otages risquaient gros : l'emprisonnement, ou la perte de leur travail.

– On ne se révolte pas en un seul jour. On ne coupe pas en une seule fois le cordon ombilical avec le système dans lequel on a toujours vécu. C'est une affaire de mois, d'années, d'allers nombreux et de retours multiples. Puis un jour, en effet, on passe de l'autre côté. On se révolte. Cela paraît soudain tout simple. Agir autrement semble alors impossible. Ce n'est pas une question de courage, mais d'évidence. En ce qui me concerne, tout s'est joué pendant l'affaire Okoudjava, au début des années quatre-vingt, juste avant mon départ précipité de Paris.

Boulat Okoudjava

– Boulat Okoudjava a été, avec Vladimir Vissotski, feu l'époux de Marina Vlady, le plus grand auteur-compositeur populaire russe de la fin du xxe siècle. Je ne sais pas si les Français du début du xxie siècle savent encore ce que cela signifie : quelqu'un qui invente et interprète des histoires et des mélodies à la fois si fortes et si simples que chacun les apprendra à son tour, et les chantera en famille ou avec ses amis ; Brassens, avec *La Chanson de l'Auvergnat*, fut peut-être le dernier poète de ce genre. Mais en Russie, ces hommes ont gardé toute leur importance et tout leur prestige. Vissotski, qui disparut en 1980, avait marié l'épopée avec l'humour noir : d'une voix éraillée par le tabac et l'alcool, sur des accompagnements de guitare secs et obsédants, il parlait de la guerre, de la grande terreur, de la misère, du dévouement surhumain d'un peuple tout entier pour une « patrie aux yeux crevés ». Okoudjava, lui, était un élégiaque. Il chantait comme on joue du violon, en jouant sur un long vibrato ; et ses thèmes étaient le destin individuel, les plaisirs fugaces et les peines secrètes. Depuis 1968, il lui arrivait de venir à Paris. Je n'imaginais pas ne pas lui rendre visite, bien qu'il fût un peu incongru, de la part de « l'officiel » que j'étais, de me montrer avec ce rebelle – et vice versa. Lors de notre première rencontre, au Fouquet's, il portait l'insigne du syndicat polonais Solidarność au revers de sa veste de velours; et moi, un costume trois pièces. Nous devînmes pourtant amis. J'en étais très fier.

En 1982, quelques semaines avant mon retour à Moscou, je dus contresigner un télégramme dans lequel Okoudjava était présenté comme « l'animateur d'un réseau clandestin antisoviétique ». Cet acte étant de nature strictement technique, rien ne m'autorisait à m'opposer au contenu du message. Que faire? Je savais que si je m'exécutais, je perdais tout respect envers moi-même; et que si je ne le faisais pas, je m'exposais aux sanctions les plus lourdes. J'eus alors l'idée d'en parler au numéro deux de l'ambassade, le ministre conseiller Nikolaï Nikolaïevitch Afanassievski. Nous appartenions, au sein du ministère des Affaires étrangères, à la même filière : celle des « Africains », l'équivalent exact de ce que l'on appelle, au Quai d'Orsay, le service Afrique-Proche-Orient. À ceci près qu'il était un Africain véritable, spécialiste des anciennes colonies françaises situées au sud du Sahara, tandis que j'étais, pour ma part, un arabisant.

« Nikolaï Nikolaïevitch, lui dis-je, ce télégramme ne correspond à rien! Okoudjava n'est qu'un poète. D'ailleurs, c'est le chanteur préféré de la petite-fille de Brejnev... Je le sais, puisque c'est moi qui lui ai servi de guide à Paris lors de sa dernière visite...

– Hmm... grommela Afanassievski. Oui, c'est une affaire sérieuse. Si le télégramme remonte au Politburo du Comité central, Okoudjava en a pour dix ans de taule au moins. Je vous arrange tout de suite un entretien en privé avec l'ambassadeur. Hmm? Il sait, n'est-ce pas, pour la petite-fille de Brejnev? »

L'ambassadeur n'était autre que Stéphane Vassilievitch Tchernovenko, celui qui, quelques semaines plus tôt, avait refusé de recevoir Vladimir. Il avait été ambassadeur à Pékin en 1961, lors de la rupture avec Mao, et à Prague en 1968, lors de la «normalisation» soviétique. Je jouais quitte ou double. «La famille du secrétaire général aime bien Okoudjava? demanda l'ambassadeur, étonné. Et quelle chanson en particulier? Faites-moi écouter ça tout de suite...»

Je passai *Bielorousski Vogzal*, «La gare de Biélorussie», une chanson consacrée à la guerre (c'est de cette gare que les conscrits de la région de Moscou partaient pour le front). Quand il eut entendu le refrain, «Nous n'avons besoin que d'une seule chose, la victoire», Tchernovenko estima qu'il en savait assez : «Je veux relire personnellement le télégramme», lança-t-il à son chiffreur. Mais celui-ci lui fit savoir, quelques minutes plus tard, qu'il avait déjà été envoyé, sur l'insistance de son auteur, le conseiller Zotov, en l'absence d'Afanassievski. Ce dernier me regarda d'un air désolé. Une fois envoyé, un télégramme ne pouvait plus être annulé, à moins que l'ambassadeur ne fît partir sur l'heure un second télégramme démentant le premier. La procédure ne pouvait être utilisée que de façon exceptionnelle, mais Tchernovenko était au-dessus de ce genre de considérations. Il fit venir le résident du KGB à Paris, un homme affligé d'un tic perpétuel à l'œil : «Dites-moi, est-il exact qu'Okoudjava anime un réseau antisoviétique?»

Le résident analysa la situation en un instant : si l'ambassadeur lui posait la question, c'était qu'il attendait une réponse négative. «Nous n'avons pas d'informations à ce sujet», répondit-il. Et le second télégramme fut immédiatement dicté...

Iouri Andropov

Les Fédorovski rentrèrent à Moscou très inquiets. L'incident Okoudjava avait fait le tour du ministère et de la capitale : tout ce qui touchait à la vie intellectuelle se savait d'ailleurs rapidement dans l'URSS de ce temps. « C'est l'Intelligentsia Servis », plaisantait-on.

Puis Brejnev mourut en novembre 1982. Lui succéda Iouri Andropov.

D'un KGB troublé par les péripéties de l'époque post-stalinienne, et souvent mis en échec par les contre-espionnages occidentaux, Andropov sut refaire un instrument efficace. Par ce fait, et alors même qu'il fut longtemps tenu à l'écart de certains rouages centraux du pouvoir comme le secrétariat du Parti ou le Bureau politique, il réussit à devenir l'un des hommes les plus puissants du Kremlin. Andropov était aussi, paradoxalement, l'espoir des modernistes, voire des libéraux, de ceux qui voulaient croire à l'évolution de la politique du régime. Bref, une sorte de second Beria, moins chargé de crimes que le premier, plus prudent, et somme toute plus crédible. Cette réputation tenait d'abord à son allure personnelle. Peut-être parce qu'il n'était pas un professionnel du renseignement, mais avant tout un haut fonctionnaire chargé des relations avec l'étranger et un diplomate,

Andropov se permettait d'afficher un certain enthousiasme pour le monde anglo-saxon : il lisait ou faisait lire
des livres et des périodiques américains et britanniques,
écoutait des disques de jazz et ne buvait, en société, que
du whisky.

– Lorsque je faisais mes études à l'Institut des relations
internationales, j'eus l'occasion de fréquenter Igor, un de
ses fils. Né en 1945, celui-ci avait été non seulement édu-
qué, mais autorisé à séjourner longuement aux États-
Unis, où il écrivit une thèse sur le mouvement ouvrier
local. Expression la plus achevée de la conscience professionnelle ? (c'est le devoir de tout espion que de connaître
intimement ses adversaires); machiavélisme ou non-
conformisme réel ? Une partie des réponses à ces inter-
rogations se résumait à ce fameux « demi-sourire » qui
permettait à Andropov de mettre autrui en confiance
sans pour autant répondre à d'éventuelles questions.
Tous ceux qui l'ont connu évoquent le ton courtois mais
ambigu de ce personnage, et un sourire qui finissait par
provoquer une sorte de malaise. Quand j'eus le loisir de
l'observer de près en 1982, au Kremlin, j'ai effectivement
constaté que ses yeux changeaient souvent de couleur,
laissant soudain apparaître derrière ses lunettes un éclat
glacial.

Mais sa réputation libérale ou moderniste reposait
aussi sur des faits concrets. Il avait été, au début des
années cinquante sous l'autorité d'Otto Kuusinen, l'une
des chevilles ouvrières du « compromis finlandais » : le
maintien d'une Finlande semi-indépendante, « bour-
geoise », mais neutre. Ambassadeur en Hongrie sous
Khrouchtchev de 1954 à 1957, il y avait appliqué une
politique analogue. Certes, il avait dû diriger la répression après l'insurrection de l'été 1956, mais il était finalement parvenu à mettre en place un gouvernement dirigé

par János Kádár, à la fois relativement libéral et loyal à Moscou. Chargé des relations entre les États au sein du bloc de l'Est, il reprit ces méthodes entre 1957 et 1961, notamment en encourageant ces pays à mettre en pratique, selon le cas, le « libéralisme bourgeois », le nationalisme, ou même la religiosité chrétienne ou islamique.

Plutôt que faire marcher un mécanisme de terreur, Andropov prétendait attribuer à la police secrète du Kremlin un rôle d'instrument de contrôle ou « d'engineering politique », même s'il habilla ce choix d'une citation de Staline prononcée en 1924 en guise d'instructions à l'ambassadeur soviétique en Afghanistan : « L'important n'est pas que le poing frappe, mais qu'il soit toujours suspendu au-dessus de chacun. »

Andropov comprenait que l'arrangement brejnévien – chaque boyard dans son fief – mènerait le Kremlin au désastre. Une crise économique, sociale et morale s'approfondissait dans le pays, la croissance perdait de la vitesse, l'inflation s'installait et le budget militaire prélevait une part exorbitante du PNB. Un rapport secret l'avertit que l'URSS risquait de ne plus être, en l'an 2000, qu'une puissance de second ordre, et pourrait même rejoindre le tiers-monde. Mais comment redresser la situation ?

Avec son énigmatique sourire, Andropov soutint les « réformistes désireux de travailler au sein du socialisme », mais brisa « les dissidents et les traîtres ». Cependant, Alexandre Yakovlev, esprit averti, le désignait d'une manière tranchée à Vladimir comme étant « le type même du néostalinien ».

Pour l'heure, de retour à Moscou, les Fédorovski étaient tendus, presque aux abois. Rien n'avait été prévu pour Vladimir, et celui qui devait le remplacer n'était pas encore parti pour Paris. Il avait donc quitté la capitale française sans obligation professionnelle, comme si quelqu'un avait élaboré cette opération pour le jeter dehors, lui et sa famille.

Une fois encore, l'amitié joua son rôle et certaines personnes comme Piradov, le gendre de Gromyko, soutinrent le couple. Réussirent-ils à remonter l'intrigue pour prouver que ce bannissement était sans fondement ? Ou leur position élevée dans la hiérarchie leur permettait-elle d'agir comme bon leur semblait ? Vladimir comme Irina n'en savent toujours rien. Mais au fil des jours, ils comprirent néanmoins que leur dossier n'était pas tout à fait vide, car, à Paris déjà, Vladimir n'avait pas obtenu l'autorisation du KGB et du Comité central de se rendre aux États-Unis pour une conférence internationale.

Après deux mois de torture morale, Fédorovski finit par obtenir un poste et fut nommé chef de cabinet du directeur des affaires internationales au ministère des Affaires étrangères, Petrovski. On lui permit alors de rédiger une thèse de doctorat, consacrée à l'histoire de la diplomatie française.

– N'était-ce pas me promettre, implicitement, que je serais autorisé à revenir un jour à Paris ?

Quant à Irina, qui eut le plus grand mal à trouver du travail, son sort se joua aussi grâce aux amitiés. Elle put alors réintégrer l'École supérieure où elle avait fait ses études, puis avait enseigné avant son départ pour la France. L'ambiance y avait totalement changé. Ses professeurs n'étaient plus là, soit à cause de leur âge, soit parce que leur indépendance d'esprit n'inspirait pas confiance aux autorités. Ceux qui avaient pris la relève étaient plutôt séduits par l'intrigue que par la science.

– Parfois, pendant mes cours, j'avais l'impression qu'on écoutait à la porte, se souvient Irina. J'étais très limitée dans mes choix : impossible de me référer au *Monde* ou au *Figaro*, ces journaux étaient « bourgeois ».

Le seul quotidien toléré était *l'Humanité*. Les journaux russes traduits en français lui étaient cependant préférables... Pour imposer un écrivain contemporain, telle une Françoise Mallet-Joris ou encore une Nicole Avril, poursuit-elle, il fallait livrer bataille sur bataille, mais, dans l'indifférence générale, celle des élèves comme celle des professeurs, je me suis vite lassée.

Ceux qu'elle avait pris pour de savants philologues ou linguistes s'étaient transformés en esprits mesquins. Elle les voyait à la cantine se quereller pour une place ou un morceau de viande ; du haut de leur chaire, ils se plongeaient dans des discussions « qui n'avaient rien à voir avec la science ». La jeune génération ne valait guère mieux. Le Parti, omniprésent, effectuait sa sélection sans même tenir compte des aptitudes professionnelles, pédagogiques ou scientifiques. Il lui fallait des serviteurs fidèles. Ceux qui avaient donc la chance ou le privilège de bénéficier d'un poste dans cet institut étaient avant tout des militants.

– Leur cynisme, leur capacité à s'adapter à toutes les exigences me portaient à croire qu'ils étaient capables de tout.

Sur ce point, on pourrait penser que notre amie souffrait de paranoïa. Comment s'imaginer des collègues envoyant des lettres anonymes pour dénoncer une relation ou une conversation inopportune ? Pourtant, le Comité central du Parti recevait ainsi de nombreuses délations et envoyait une commission spéciale à la faculté pour essayer d'y voir clair. On assistait alors à des pugilats au cours desquels certains inventaient des horreurs pour faire couler leurs adversaires.

– Je me sentais étouffée par tant de maléfice. J'éprouvais le désir de tout abandonner, de me sauver, dans tous les sens du terme.

Les locaux s'étaient également délabrés et l'État n'était pas en mesure de les rénover.

Au printemps et à l'automne, la coutume voulait que tout le monde participe à de grands nettoyages, et, surtout, fasse le travail d'un autre. On appelait cela les *soubbotniks* : les samedis rouges. Ce nom vient de *soubbotta* : « samedi ».

– Samedis noirs ! s'exclame Irina. Ainsi chacun avait-il la tâche de laver la salle de sport, le foyer des étudiants. Les professeurs se demandaient perfidement si le *soubbotnik* des femmes de ménage consistait à écrire des articles.

Il ne s'agissait cependant pas de faire des blagues à haute voix, car cela signifiait ne pas avoir de « conscience communiste » et risquait de se répercuter non seulement sur la promotion, mais aussi d'engendrer des harcèlements quotidiens. Dans les ambassades aussi, il y avait les *soubbotniks.* Il fallait alors nettoyer les escaliers, laver les rideaux des salles ou nettoyer les feuilles mortes dans le jardin de la propriété de l'ambassadeur.

On se demande pourquoi Vladimir lave parfois soigneusement ses chemises à la main alors qu'il y a une machine à laver, ou pourquoi il astique si bien les cuivres !

La tradition des *soubbotniks* vient des premières années qui suivirent la révolution, quand Lénine lui-même sortait dans la rue pour y faire le ménage. Ce fait de sa biographie fut d'ailleurs mis en chanson et raconté aux enfants dans les contes éducatifs. Si les gens en riaient, ils ne pouvaient néanmoins pas y échapper. Les bolcheviques croyaient aux vertus du travail non rémunéré : ce qui était payé revenait à l'individu, ce qui ne l'était pas à la société. Ce travail vous inculquait donc la « conscience communiste », par opposition au capitalisme, « survivance du passé », qu'il fallait à tout prix extirper de l'esprit par la parole ou par le glaive. À cet égard, le camarade Lénine ne lésinait pas. Ses télégrammes à travers le pays étaient clairs : « Si les gens n'effectuent pas le travail de déblayage des portes, tuez-les ! »

Outre les *soubbotniks*, il y avait les kolkhozes. L'agriculture, manquant de bras et de moyens de production, exigeait l'aide de la ville; étudiants, fonctionnaires et scientifiques devaient aller travailler à la campagne pour ramasser les pommes de terre et les betteraves. Les journaux racontaient l'enthousiasme des savants pour l'agriculture et clouaient au pilori ceux qui tentaient timidement d'expliquer que ces mesures coûtaient une fortune à l'État, car les paysans connaissaient mieux leur travail... De telles critiques pouvaient provoquer de lourdes conséquences, car la logique des communistes était simple : « Ceux qui ne sont pas avec nous sont contre nous. »

Décidément, rien ne changeait dans ce pays. Paris semblait irréel et si lointain...

Pour les vacances d'hiver, Vladimir parvint à obtenir des places dans une maison de repos de Valdaï destinée à la nomenklatura : un ensemble de datchas autrefois construit pour Staline. Cette charmante petite ville est située entre Moscou et Saint-Pétersbourg, dans une chaîne de montagne portant le même nom. Enfant, Vladimir y était allé plusieurs fois avec sa mère. L'endroit était pittoresque avec ses collines, ses sapins, mais les vacanciers furent surpris par le peu de confort du sanatorium. Les chambres, étroites et longues, aux murs verts, paraissaient tristes et peu accueillantes. Pas de douche ni de toilettes, ces commodités se trouvaient au bout du couloir, « encore plus vert et plus froid que les chambres ». Les trois repas, abondants et peu équilibrés, étaient servis par des femmes en blouse blanche : tout un cérémonial.

– Les Russes, raconte Irina, ont une attitude particulière vis-à-vis de la nourriture. Ce peuple a en effet si souvent eu faim au cours de son histoire qu'il en garde une mémoire génétique. Donc, chaque Russe mange à chaque repas comme si c'était la dernière fois, et d'autant plus si le repas est offert.

Le reste de la journée était consacré au ski. « Ce n'était pas les Alpes, dit Vladimir, mais tout comme ! »

– Aux alentours, se souvient Irina, les villages faisaient triste mine. Les isbas sortaient à peine de la neige, les fenêtres embuées les rendaient aveugles ; la fumée des cheminées démontrait que le seul moyen de chauffage – il en était ainsi depuis des siècles – était le fameux poêle russe. Les petites cabanes flanquées au fond des cours en disaient long sur l'absence de canalisations. Et les promesses des bolcheviques, des communistes et des suivants n'y ont rien changé. Ce qui est étonnant, c'est la formidable patience de mes compatriotes. On leur flanque promesse sur promesse, suivies de l'aggravation de la vie quotidienne, et ils acceptent le tout sans rechigner. Cette patience légendaire faisait l'objet de poèmes et de blagues au XIXe siècle. Les hommes et les femmes venus se reposer dans le sanatorium parlaient de leurs maladies, exigeaient des messages de soutien du personnel médical. Ils parlaient par téléphone et laissaient des instructions à leurs enfants et à leurs secrétaires. Deux mondes qui n'avaient rien en commun. Sauf que l'un faisait vivre l'autre. Cet autre, qui parasitait, prétendait être indispensable au premier et rendre les gens heureux. Justice sociale ? Égalité ? Tout ceci n'existait que dans les programmes adoptés lors des réunions du Parti.

Non, c'est encore un mensonge des communistes qui n'ont jamais été au service de l'homme de travail, conclut-elle.

Irina avait peine à supporter cette « atmosphère lourde de privilèges en action », et bien que Vladimir fût parvenu à obtenir, grâce à un cadeau offert au directeur, une maisonnette dans le parc, elle ne fut pas mécontente de rentrer à Moscou ! Elle exhorta même son mari à ne plus jamais l'emmener dans ces endroits aménagés pour la nomenklatura.

Rencontre avec le *staretz* [1]

Ce fut au ministère des Affaires étrangères que Vladimir rencontra celui qui allait devenir en quelque sorte son deuxième mentor, un homme qu'il aime comparer à un *staretz* : « Un bâton de l'âme qui guide l'âme vers la lumière », écrivait Dostoïevski. « Un homme exquis, une âme sage, clairvoyante », ajoute Vladimir. Une amitié qui le conduisit à travailler plus étroitement avec l'équipe dirigeante de Mikhaïl Gorbatchev.

Né en 1924, Alexandre Yakovlev avait suivi le chemin classique des hommes de sa génération. Officier des fusiliers marins pendant la Seconde Guerre mondiale, il fut blessé et garda une légère claudication. Pour cette raison, les diplomates français l'avaient surnommé le diable boiteux, comme autrefois Talleyrand. Dans les années cinquante, il étudia les sciences sociales, devint docteur d'État et entra en 1961 dans le monde de la haute nomenklatura où il gravit très vite les échelons pour devenir le personnage clef de la propagande du Comité central du PC.

En 1971, Yakovlev proposa à l'omnipotent et austère gardien du temple communiste Souslov de nommer le

---

1. Guide spirituel.

119

jeune chef de la fédération du Parti communiste de Stavropol – un certain Mikhaïl Gorbatchev – au poste de
chef du département idéologique du Comité central. Si
les pontes du Kremlin acceptèrent la proposition, Gorbatchev préféra cependant rester « vice-roi » du Kremlin à
Stavropol plutôt que de n'être qu'un subordonné à
Moscou.

Au début des années soixante-dix, Yakovlev fit preuve
d'audace en dénonçant l'influence exercée sur l'appareil
par les nationalistes russes d'extrême droite. La sanction
fut immédiate. Il fut aussitôt démis de ses fonctions et
envoyé dans un exil « doré » comme ambassadeur au
Canada où il demeura de 1972 à 1983.

Les relations entre les deux hommes prirent une autre
tournure en 1983, lors de la visite de Gorbatchev à
Ottawa. Celui-ci, alors secrétaire du Comité central
chargé de l'agriculture, venait solliciter l'expérience des
Canadiens dans ce domaine.

Le conciliabule

Le jet du ministre canadien de l'Agriculture étant en retard, Yakovlev et Gorbatchev battaient la semelle en bordure de la piste d'atterrissage. Vêtus d'un manteau gris et coiffés d'un feutre, le visage rougi par un vent glacial, les deux hommes marchaient, ponctuant leur conversation de grands gestes. Les gardes du corps, destinés non seulement à protéger les dignitaires soviétiques, mais aussi à informer le KGB de ce qu'ils auraient pu entendre, se tenaient à distance respectable, car il n'y avait pas de danger sur cette piste. Les minutes passèrent. Dix, vingt, puis une heure... Soit le temps de tout se dire et de prononcer ces mots cruciaux qui allaient devenir les symboles de la politique réformiste : « perestroïka » et « glasnost » (restructuration et politique de transparence). Une panne d'avion fut ainsi à l'origine de ce conciliabule impromptu qui allait se transformer en une véritable alliance politique.

Le diagnostic des deux hommes était sévère : l'URSS allait à la catastrophe. Il fallait radicalement changer de cap. Mais ce réalisme cachait une note de rêve : les deux interlocuteurs étaient en effet persuadés qu'ils pouvaient donner une nouvelle vigueur à l'idée d'un « socialisme à visage humain ».

Selon Gorbatchev, la perestroïka aurait pu être la dernière chance de réconcilier les socialistes de l'Est et de l'Ouest et de rassembler les communistes réformateurs et sociaux-démocrates dans une sorte d'union de gauche à vocation internationale. Et pour Yakovlev, d'assurer peut-être même la convergence entre les deux systèmes dans le contexte de la mondialisation et l'interdépendance entre les nations.

Dès lors, le futur « tsar » et son inspirateur devinrent inséparables.

– Je ne peux pas me résoudre à présenter Alexandre Yakovlev comme un homme de l'ombre, dit Vladimir, car ce qualificatif convient plutôt à ses adversaires du KGB, cette armée des ténèbres qui tétanisa le pays. Un autre parallèle, emprunté à Balzac, aurait mieux convenu au tandem Yakovlev-Gorbatchev, compte tenu de la stature intellectuelle et morale des deux hommes, mais aussi de la différence d'âge assez marquée qui existait entre eux. Yakovlev m'apparaissait plutôt comme le Vautrin d'un Gorbatchev-Rastignac, son mentor et son tuteur. Il fut en tout cas l'un des personnages les plus importants de l'Empire, peut-être le numéro deux. Il dénotait par l'élégance de ses manières, son intelligence et la profondeur de ses vues. Cependant, Yakovlev n'était pas un enfant de chœur. Sachant lui aussi manœuvrer avec les méthodes occultes de ses adversaires politiques, il fut obligé d'agir en vrai manipulateur pour combattre l'Empire totalitaire.

La manipulation propre à cette période de transition, un autre leitmotiv dans l'œuvre de Fédorovski...

Quelques mois plus tard, les événements se précipitèrent. Sous la houlette de Iouri Andropov, Gorbatchev devint numéro deux du PCUS.

Andropov était conscient qu'une crise économique, sociale et morale s'enracinait dans le pays, la croissance perdait de la vitesse, l'inflation s'installait et le budget militaire prélevait une part exorbitante du PNB. Un rapport secret du Gosplan avertissait que l'URSS risquait de ne plus être en l'an 2000 qu'une puissance de second ordre, voire de rejoindre le tiers-monde. Il fallait donc prendre des mesures immédiates. Gorbatchev chargea Yakovlev d'y réfléchir en le nommant à la tête d'un étrange centre scientifique, l'Institut des relations internationales et de l'économie mondiale, l'Imemo, le *think tank* le plus prestigieux des années soixante-dix, où les meilleurs sujets du KGB, des Affaires étrangères et des Finances furent initiés au fonctionnement réel des sociétés occidentales. Sa mission était d'en faire un laboratoire d'idées. Yakovlev mit alors un vaste réseau d'intellectuels nourris de dossiers à la disposition de l'étoile montante de la politique russe.

Cependant, les dés n'étaient pas encore jetés. La situation à Moscou était compliquée. Certes, l'homme fort du moment, l'ancien chef du KGB, Andropov, voulait lui voir succéder son « filleul » (il le fit savoir à Gorbatchev par l'intermédiaire de sa femme), mais, à la mort d'Andropov au début de l'année 1984, les vieux bonzes du Kremlin lui préférèrent le sénile brejnévien Konstantin Tchernenko.

Une fois encore, le pays allait être gouverné par un secrétaire général âgé et malade. La faiblesse de Tchernenko attisa la lutte au sommet du Parti, qui devint impitoyable. D'abord entre les deux plus jeunes membres du Politburo, Gorbatchev et son rival Gregory Romanov, (celui-ci était chef du Comité régional de Leningrad et secrétaire du Parti responsable des industries militaires), mais aussi entre la vieille garde partisane de Brejnev et la nouvelle génération entrée au Bureau politique sous le court règne d'Andropov.

Dans ce contexte, il fallait bien choisir ses alliés. Gorbatchev ne s'y trompa point : il l'emporta grâce au soutien d'une alliance insolite entre le KGB, l'Armée et... l'intelligentsia ! Les deux premiers lui semblaient certes acquis : il était suffisamment lié avec la police politique grâce à Andropov, et avec l'Armée grâce à son allié le maréchal Oustinov, homme fort du complexe militaro-industriel. Mais Yakovlev lui donna une ouverture inespérée dans les cercles de l'intelligentsia moscovite. (Celui-ci y avait toujours la cote grâce à ses attaques anti-nationalistes contre les mouvements néostaliniens animés par le journal de la jeunesse communiste *La Jeune Garde*, empruntant à Staline ses rengaines patriotiques.)

Il mit aussi à la disposition de son protecteur son art de l'intrigue appris pendant les années passées au Comité central, son expérience diplomatique, et la connaissance des États-Unis acquise à l'université de Columbia à la fin des années cinquante. À travers la presse et la télévision américaines, cette nouvelle éminence grise du Kremlin avait compris toute l'importance des médias dans la manipulation politique. Aussi ajouta-t-il cette dimension au monde byzantin de Moscou.

– Je me souviens, raconte Vladimir, comment les partisans officieux des réformateurs transmettaient différents ragots aux diplomates occidentaux qui, à leur tour, les répercutaient à la presse internationale. Ces « informations » revenaient ensuite en URSS par l'intermédiaire des journaux et des radios étrangères. Ce fut le cas des bruits qui dépeignirent Romanov abusant de ses prérogatives et brutalisant ses collaborateurs de Leningrad. Une autre anecdote décrivait les frasques de ce rival de Gorbatchev au musée de l'Ermitage de Leningrad : il aurait utilisé pour le repas de noces de sa fille l'inestimable service en porcelaine de Sèvres ayant appartenu à

Catherine II la Grande. Le repas terminé, les invités ivres en auraient cassé plusieurs pièces. Cette histoire mettait en exergue le nom du principal adversaire de Gorbatchev, cet homonyme des tsars de Russie. Le parallèle implicite avec les repas impériaux discrédita définitivement Gregory Romanov qu'on disait déjà décadent et hospitalisé « pour alcoolisme ». À l'époque, m'expliquait M. Yakovlev, Gorbatchev avait aussi besoin d'un allié de poids pour s'assurer une victoire définitive.

Ainsi, Yakovlev mena des négociations délicates pour lui garantir le soutien du puissant ministre des Affaires étrangères, Andreï Gromyko. Durant ces pourparlers auxquels était également associé son fils, Gromyko reçut l'assurance d'être nommé au poste de président du Soviet suprême d'URSS si Gorbatchev devenait le secrétaire général du PCUS.

Le 11 mars 1985, après la mort de Tchernenko, le Bureau politique se réunit pour choisir le nouveau maître du Kremlin. Respectant les termes du marché conclu avec Gorbatchev, Gromyko coupa court à tout débat...

La nuit fut très longue au Kremlin. Il était quatre heures du matin quand Raïssa Gorbatchev vit s'arrêter devant chez elle une file de voitures. Constatant que la garde de son époux s'était renforcée, elle comprit qu'il avait été élu numéro un de l'Union soviétique. Cette nuit-là, Mikhaïl Gorbatchev et son épouse discutèrent encore malgré la fatigue. Cette conversation allait être le prélude à l'élaboration de la stratégie de la perestroïka. Ce mot qui allait changer la vie de tous les Soviétiques et évidemment celle des Fédorovski.

Le lendemain, le patriarche de la diplomatie soviétique présenta son candidat à tout le pays comme « un homme affable, mais avec une volonté de fer ».

L'ambition du nouveau secrétaire était d'enrayer le

déclin de l'URSS en amorçant une dynamique de relance, la perestroïka, visant à atteindre un triple objectif : réduire les dépenses militaires grâce à une politique de détente internationale; accroître la production par une mobilisation des ressources matérielles et technologiques; revivifier la société en lui donnant un langage de vérité.

C'est au PCUS, parti dirigeant et seule force politique organisée, comptant quelque dix-neuf millions de membres, que Gorbatchev allait réserver la conduite de cette politique.

Prendre le Kremlin au nom de la liberté

Alexandre Yakovlev entreprit alors de consolider l'emprise du nouveau secrétaire général sur les principaux centres de décision du pays :
– Pour tuer le stalinisme, nous allons utiliser le PCUS, l'instrument de Staline; il ne faut surtout pas laisser ce monstre sans surveillance. Et nous prendrons le Kremlin au nom de la liberté! avait-il lancé à Fédorovski. Il s'agissait donc de détruire Staline en utilisant les vestiges de son système. Yakovlev voyait dans cette opération « un bolchevisme à l'envers ».
– Non sans faire une erreur! m'a avoué M. Yakovlev en plissant son grand front. Nous avons voulu garder notre influence sur le Parti, oubliant le KGB, ce véritable État dans l'État, l'adversaire le plus dangereux des réformes!
Gorbatchev commença par purger le Politburo de ses ennemis déclarés, représentants de la vieille garde. Il y fit entrer des amis sûrs, notamment Edouard Chevardnadze, qui prit le poste de ministre des Affaires étrangères, succédant à Gromyko. Yakovlev fut nommé au Comité central avant de devenir membre du Bureau politique du PCUS pour s'occuper de l'idéologie et de la politique extérieure.

En même temps, Gorbatchev ménageait le KGB, soutien efficace dans la lutte pour le pouvoir suprême. Cette attitude donna lieu à une version des faits, propagée à la fois par les vétérans de cette institution et certains kremlinologues de l'Occident.

Selon Fédorovski, il y avait deux projets de réforme tout à fait inconciliables : celui du KGB, visant à sauver le système totalitaire, et celui des réformateurs radicaux dont la tête pensante était Yakovlev, qui prévoyait la sortie du communisme. Les hommes de la police politique et du complexe militaro-industriel ne souhaitaient pas ce genre de relâchement. Ils voulaient une reprise en main nationaliste de l'appareil de production. C'était un groupe que nous pourrions qualifier de modernisateur autoritaire. Les mêmes accusèrent Yakovlev d'avoir « hypnotisé » Gorbatchev ou d'avoir agi à l'improviste, sans plan élaboré.

Cependant, comme il me l'affirmé, il préconisait une transformation totale du système. Son but n'était pas de préserver le communisme, mais au contraire de sauver le pays d'un chaos sanglant inévitable s'il n'arrivait pas à sortir du système totalitaire. Ce plan prévoyait des élections libres, le multipartisme, l'introduction de la liberté de la presse et du parlementarisme, l'indépendance des juges. Les idées y étaient plus vagues en matière économique, grand point d'interrogation de la pensée de la perestroïka. Néanmoins, il proposait d'en finir avec le monopole d'État du commerce extérieur et de donner beaucoup plus d'indépendance aux entreprises dans le cadre de l'économie de marché (il existait même la proposition, qui paraît aujourd'hui saugrenue, de faire élire les chefs d'entreprise par leurs collaborateurs, considérant cela comme l'expression de la démocratie).

N'ayant pas la possibilité de s'appuyer sur la classe

moyenne des petits propriétaires (comme le firent certains pays européens au XIXᵉ siècle à l'orée du capitalisme), l'architecte des réformes essaya de proposer une construction cérébrale sophistiquée mettant en exergue la bataille opposant « les forces du progrès aux conservateurs ».

Cette combinaison, selon Vladimir, occultait cependant les réels clivages de la société soviétique, en essayant de faire oublier à la population les gigantesques problèmes nationaux, sociaux et économiques.

Au total, le bien, le droit à la liberté de l'esprit, la démocratie, la morale et la nature formaient la colonne vertébrale de la nouvelle pensée politique. Cet idéalisme affiché consciemment marquait une rupture avec le réalisme des hommes d'État du temps de la guerre froide. Il se rapprochait plutôt de la pensée chrétienne.

– On discutait beaucoup de l'opportunité d'avoir commencé la perestroïka par la glasnost, – la semi-liberté de parole, raconte Irina, mais il aurait été impossible de faire autrement. La société n'aurait plus toléré le mensonge. La masse critique était proche de l'explosion. Il fallait entrouvrir les soupapes !

Pour la première fois de sa vie, Fédorovski entendait parler ouvertement d'une crise du régime et de la nécessité d'une « modernisation radicale ». Ce débat ne pouvait que refléter, il le savait, une lutte de princes et de clans au plus haut niveau du régime.

Mais derrière les nouveaux alignements idéologiques, de nouvelles clientèles s'établissaient... C'est alors qu'il fut pressenti par Alexandre Yakovlev pour exposer la perestroïka à l'Occident.

– Après m'avoir longuement interrogé sur les cinq années que j'avais passées à Paris, il m'expliqua que Gorbatchev allait « tout changer », et me proposa de retourner en France dans ce nouveau contexte. Je disposerais d'une grande liberté. Alors, j'ai bien entendu accepté! Ma mission fut d'abord extrêmement facile. L'URSS nouveau style plaisait. D'un intérêt mesuré pour la glasnost et la perestroïka, l'opinion française est passée à une « Gorbimania » effrénée. Les Soviétiques semblaient être enfin devenus majeurs! Quant aux intellectuels de gauche, ils prédisaient l'avènement d'une « social-démocratie de l'an 2000 ». Le CNPF organisait des colloques sur « l'ouverture du marché soviétique ». Mais à partir de 1988, les choses se compliquèrent. Plus personne, en Occident, ne doutait de la sincérité de Gorbatchev ni de la réalité de ses réformes, mais dans la mesure même où il démocratisait l'URSS, n'était-il pas en train de perdre le pouvoir?

– Quand je retournais à Moscou, raconte Vladimir, je mesurais l'ampleur des résistances. Gorbatchev avait imposé sa ligne en s'appuyant sur les anciens réseaux d'Andropov, mais ceux-ci s'étaient divisés en deux tendances. Leur aile la plus conservatrice se rapprocha des anciens brejnéviens, leur aile la plus réformatrice, animée par Yakovlev, se tourna vers les anciens dissidents, notamment le Prix Nobel Andreï Sakharov.

Sous la défroque du Parti communiste, deux nouveaux partis semblaient en gestation : les « étatistes », pour qui le maintien de l'URSS constituait désormais une priorité absolue; et les « démocrates », pour qui au contraire l'instauration d'un régime de type occidental justifiait tout, y compris une plus grande autonomie des Républiques soviétiques, ou même l'indépendance de certaines d'entre elles.

Les rumeurs de guerre civile ou de coup d'État se multipliaient. En 1989, enfin, Gorbatchev décida de jouer le tout pour le tout en organisant les premières élections libres de l'histoire soviétique. Pendant les meetings qui précédèrent le scrutin, on arborait parfois des drapeaux tricolores blanc, bleu, rouge : ceux de la Russie d'avant 1917, tandis que sur le Kremlin flottait encore le drapeau rouge. Pour combien de temps ?

Le temps des splendeurs

De retour à Paris avec la perestroïka dans leurs bagages, les Fédorovski arboraient une nouvelle peau, commençaient une autre vie. Leurs amis français étaient heureux de les revoir, de leur parler, de les interroger. Eux-mêmes ressentaient une fierté : ils n'avaient désormais plus honte de leur pays.

– Vous rendez-vous compte ! Ne plus avoir à se cacher, pouvoir parler sans peur. C'était un sentiment inconnu, raconte Irina, comme des habits neufs ! Comme tous mes concitoyens, j'ai appris à l'école à mentir et surtout à me cacher. L'émigration intérieure a toujours été très importante pour un Russe. En fait, c'était cela la vraie vie. Là aussi, le système instauré par les communistes à la fin de l'époque du dégel a été accepté par les Soviétiques, car conforme à leur idée de l'homme intérieur, honnête, juste et généreux, et l'homme extérieur, lâche, mensonger. Quand j'ai découvert que c'était possible de vivre sans cette dichotomie, j'ai éprouvé un vrai plaisir.

– À cette époque-là, ajoute Vladimir, je revis mon cher ami Vladut qui me contacta après m'avoir vu à la télévision. Il était alors à la direction générale de Renault. Nous étions si heureux de nous retrouver. Sa maison du Midi avait tous les charmes de sa villa de Nouakchott, l'ambiance y était identique. Nous avions juste quelques années de plus avec un espoir nouveau !

Pendant ce nouveau séjour à l'ambassade, Fédorovski était un diplomate très actif. Ses journées commençaient à neuf heures, heure à laquelle s'éveillait l'ambassade. Lecture des journaux, examen des télégrammes puis une heure plus tard, réunion avec l'ambassadeur. Ensuite, chacun regagnait son bureau jusqu'au déjeuner. Si la journée était censée se terminer à dix-neuf heures, le travail n'était pas pour autant terminé, car, outre les sorties au théâtre, aux spectacles de ballets, il fallait souvent assister aux réceptions officielles.

L'influent chef du service de presse de l'ambassade, chargé de diffuser la bonne parole de la perestroïka, était en contact direct avec le Tout-Paris. Il était à la mode ! Il connut les présidents de la République successifs, les ministres, les directeurs de journaux, des gens de tous bords.

Citons une fois encore Bernard Lecomte : « Protégé d'Alexandre Yakovlev, le " père de la perestroïka ", il (Fédorovski, *nda*) sut développer des relations personnelles – une hérésie dans le système soviétique [...]. »

Évidemment, cette activité exceptionnelle suscita les inquiétudes des services spéciaux français, notamment la DST. Poivre d'Arvor, jeune journaliste, fut même convoqué par cet organe suite à ses contacts avec Vladimir.

Avant de devenir une figure symbolique de la démocratie, Fédorovski fut en effet considéré comme un adversaire. Comme me l'a confirmé un des personnages clef de cet organisme : « Notre vision du Fédorovski de l'époque est passée du noir au blanc. » L'officier chargé de suivre les activités des Soviétiques fut très dérouté par ce diplomate pas comme les autres.

– Nous ne pouvions pas imaginer qu'il rencontrait

Dalí ou encore la veuve de Kandinsky, parce qu'il collectionnait modestement leurs œuvres. Ni qu'il fut l'ami d'Hervé Bazin, président de l'Académie Goncourt parce que lui-même était écrivain.

À cette époque, Alexandre Adler fit la connaissance de Vladimir :

– Je l'ai rencontré à l'ambassade peu après son retour à Paris, au moment des élections. Il s'est présenté très vite aux yeux d'un certain nombre de journalistes et de spécialistes plus ou moins adhérés de l'Union soviétique comme le porteur d'une ligne qui correspondait à la perestroïka, avec les changements que cela impliquait pour le fond et la forme. À la différence des interlocuteurs précédents qu'on pouvait rencontrer, il venait volontiers déjeuner avec nous et n'était pas accompagné d'un agent susceptible de le démasquer. Bref, il avait des mœurs complètement différentes. Alors, j'ai tout de suite sympathisé avec lui, bien sûr. D'abord parce que j'étais extrêmement intéressé d'avoir pour la première fois un interlocuteur soviétique si sympathique qui n'était pas ampoulé, embarrassé, qui n'avait pas peur de son ombre. Ensuite, parce que nous nous sommes finalement trouvé des points communs et très vite cela a dépassé les rapports d'ordre professionnel. J'étais un interlocuteur qui non seulement connaissait un peu la Russie, mais avait aussi un peu des mœurs russes : j'aimais bien boire sec et appréciais particulièrement l'art culinaire du pays !

La question qui taraude bien des gens est : Fédorovski fut-il un espion soviétique ? Bien sûr, nous avons pu constater à travers ce récit qu'il n'en est rien. Mais corroborons cette affirmation avec Alexandre Adler :

– Eh bien là, c'est le moins qu'on puisse dire, car un espion est censé tout de même avancer masqué et, au contraire, il avançait de manière extraordinairement ouverte. La seule question qu'on pouvait se poser était si le discours qu'il tenait n'était pas un peu propagandiste et si derrière il y avait quelqu'un qui, au fond, était beaucoup plus dogmatique et plus dur que cela. Puis l'évolution des choses a vite tranché. Quand il a fallu se battre pour Gorbatchev et que les réformateurs se sont trouvés en difficulté, c'est-à-dire deux ou trois ans plus tard, on a bien vu que, non, il était bien ce qu'il disait. Quant à l'espionnage, bien sûr que non enfin ! Les espions soviétiques ne sont pas dans les ambassades et s'ils le sont, ils occupent des postes techniques et on ne les voit pas, ils ne sont pas en pleine lumière. La seule fonction qu'un espion peut avoir vis-à-vis de gens comme moi, c'est le recrutement, or, il n'y a pas eu la moindre invite de quelque nature que ce soit, il a tout de suite joué franc jeu et cartes sur table avec moi, avec Bernard-Henri Lévy, avec tous ceux qu'il a commencé à voir. C'est une autre fonction. Les espions sont infiniment plus discrets, de plus, il n'y avait aucun intérêt à recruter quelqu'un comme moi, je ne suis pas « recrutable » ! Un journaliste spécialiste de l'Union soviétique ne va pas se mettre à espionner pour le compte de l'Union soviétique ; les personnages que l'on recrute sont beaucoup plus obscurs eux aussi, mais ils peuvent rendre des services indirects, ça c'est autre chose, par exemple un secrétaire de rédaction d'un journal pour savoir ce qu'il s'y passe, un sous-préfet, oui, là c'est une bonne pioche, mais ce n'était pas lui qui pouvait être chargé de cela.

Fort de sa chère liberté, Vladimir, comme me l'a raconté sa fille, sortait chaque jour, rencontrant tantôt Aragon, tantôt Dalí, et les muses de grands artistes : Lydia, le modèle favori de Matisse, Dina Vierny le modèle de Maillol, ou encore Gala.

Les Parisiens n'ont pas accueilli nos Russes aussi vite que la ville. Mais ceux qui les ont acceptés sont restés leurs amis pour la vie. Nombre d'entre eux ont malheureusement disparu.

Parmi eux se trouvait un collectionneur extravagant, aussi féru des arts que des affaires, Pierre Argillet (1910-2001), l'un de ces hommes doués pour beaucoup de choses, qui avait notamment fait fortune en éditant l'œuvre gravée de Salvador Dalí. Un parfait entendement artistique et philosophique entre les deux hommes allait durer vingt-cinq ans.

Chez Argillet, à Vault-le-Pesnil où il a créé un musée du surréalisme, Vladimir fit la connaissance des monstres sacrés de ce mouvement.

En 1990, M. Argillet me raconta en riant l'embarras occasionné à l'entourage de Dalí par les rencontres assidues entre Vladimir, Gala et le maître, dans leur suite de l'hôtel Meurice. La DST questionnait systématiquement l'entourage du peintre.

Ce fut d'ailleurs pendant la rédaction de leur célèbre ouvrage, *Les Égéries russes* [1], que j'ai rencontré Vladimir pour la première fois, grâce à son amitié avec mon beau-frère Gonzague.

Je ne puis résister au plaisir de vous faire partager ces quelques lignes :

« Ce livre est le fruit d'une rencontre autour de Salvador Dalí. [...] Entre un écrivain issu de la Touraine romantique et un attaché culturel russe venant de Moscou, reconnaissons que la rencontre n'était pas évidente. C'est à Salvador Dalí, trônant à l'Hôtel Meurice, et à sa femme Gala que nous la devons. Un de ces soirs dont Paris a le secret, à l'instant même où les notes de gris et de rose s'unissent à la perfection, au-delà des lourds

---

1. Gonzague Saint Bris et Vladimir Fédorovski, *Les Égéries russes*, Éditions Jean-Claude Lattès, 1994.

En 2008. © Anne Selders

Le panorama du Kremlin. Pendant sa période diplomatique de plus de vingt ans, Fédorovski a pu en
observer de près les coulisses.
© Eyedea

Vladimir Fédorovski et sa femme avec Jacques Chirac en août 1991 pendant les jours fatidiques de la fin du communisme en Russie, quand le Président français vint soutenir la démocratie en Russie.

Vladimir Fédorovski avec Alexandre Yakovlev, idéologue de la perestroïka, avec qui il a participé à la création d'un des premiers partis démocratiques de Russie en 1990, le Mouvement des réformes démocratiques (dont il fut porte parole durant la résistance au putsch de 1991). © Collection de l'auteur / D.R.

Ivan Bounine, premier Prix Nobel de la littérature russe, aura une influence décisive sur le style de Vladimir Fédorovski.
© Collection de l'auteur

Valentin Kataïev, élève de Bounine et parrain littéraire de Vladimir Fédorovski, ici avec Jean-Paul Sartre.
© Collection de l'auteur

Boulat Okoudjava, un grand poète et dissident russe, qui jouera un rôle important dans les choix politiques de Vladimir Fédorovski.
© Collection de l'auteur

Vladimir Fédorovski avec Benazir Bhutto, à l'époque Premier ministre pakistanais, et Jean Poperen.
© Collection de l'auteur / D.R.

Vladimir Fédorovski, sa fille et le chanteur Carlos pendant les soirées russes. © Collection de l'auteur / D.R.

VLADIMIR FÉDOROVSKI

PRÉSENTE

SA COLLECTION « LE ROMAN

DES LIEUX ET DESTINS MAGIQUES... »

PRIX DE L'EUROPE

PRIX RENAUDOT
ESSAI 2005

Prix André Castelot 2006

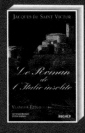

PRIX
DU PATRIMOINE

Par l'auteur du
Roman de
Saint-Pétersbourg

éditions du
ROCHER

rideaux de la suite du maître, quand les ultimes couleurs du jour s'évanouissent sur les toits bleutés de la capitale. Alors Dalí prit, parmi les illustrations des *Chants de Maldoror* gravées par lui-même, une gravure représentant une jeune Russe et dit : " Voilà Gala, mon égérie russe. " Et se tournant vers nous, frappant le parquet de sa canne, il désigna son pommeau précieux et polychromé en jetant : " Toutes les couleurs de Kandinsky sont là ! Mais vous, les Russes, c'est votre seul grand peintre. Ce n'est pas par l'art que vous dominez. En revanche, votre littérature est inégalable. " Après un silence suspendu, il lança de son air impérieux : " Mais là où vous culminez, vous les Russes, c'est avec vos femmes au tempérament fou ! " Dans le visage aux yeux d'Asiate et aux pommettes sauvages de Gala, passa la cavalcade d'un sourire. Puis, après un temps de réflexion, comme si elle s'éveillait d'un songe ancien, nous fixant de ses yeux pénétrants, elle dit : " Vous, jeunes Français et Russe, Rastignac et Raskolnikov, vous devez écrire ensemble l'histoire des égéries russes ! " Elle ne pensait pas seulement à elle, ni à son irréductible ennemie, Elsa Triolet, toutes deux dominatrices qui s'étaient réalisées à travers les personnalités de Salvador Dalí et de Louis Aragon, mais aussi à Lou Andreas-Salomé, fille d'un général du tsar, féministe avant l'heure, et libertine en paroles, inspiratrice de Nietzsche, Rilke et Wagner, à la princesse Koudacheva, qui deviendra la femme de Romain Rolland, à Dina Vierny qui fascina le sculpteur Maillol, à Lydia Delectorskaya qui inspira le peintre Matisse, à Nadia qui envoûta Léger, à Sonia Terk, qui subjugua le peintre Delaunay, à Olga qui portait le nom de Picasso, à la baronne Boudberg, muse de Gorki puis de l'écrivain anglais Herbert George Wells, sans oublier la baronne Otenengen, l'amie d'Apollinaire ou de Goloubeff qui passa tant de soirées à enchanter Gabriele D'Annunzio...

« [...] De Gala, son inconditionnel époux disait : " Elle m'a guéri de ma rage d'autodestruction en s'offrant elle-même en holocauste sur l'autel de ma rage de vivre. " »

– Quand nous avons demandé à Gala pourquoi elle avait choisi Dalí, raconte Vladimir, elle nous a répondu : « Parce que j'ai tout de suite compris que c'était un génie. »

« Au-delà de l'exagération qui caractérisait souvent les déclarations de Gala ou de Dalí, écrivent Vladimir et Gonzague, cette confidence nous a été jetée plutôt comme un cri du cœur, avec le ton sérieux et même grave d'une véritable égérie russe. Ainsi ne pouvait-elle sans doute pas se satisfaire du rôle somme toute secondaire que lui avait laissé Eluard dans sa vie, même s'il la célébrait constamment. Car cette femme ne pouvait se dévouer entièrement à celui qui, par son tempérament de poète, était un éternel fugitif. Dalí ne présentait pas les mêmes symptômes de fugues permanentes. Au contraire, il avait grand besoin d'être définitivement fixé, stabilisé et choyé, tel un animal perdu désirant être apprivoisé. »

« Gala chassa de moi les forces de la mort. Elle me rendit à la lumière par l'amour qu'elle me donna », écrivit Dalí.

À la fin de sa vie, Gala confia à nos auteurs : « L'homme occidental est un homme extérieur; la femme russe est une femme intérieure. C'est de là que vient cette union parfaite entre les créateurs occidentaux et les égéries du Nord. »

Le prince de Faucigny Lucinge était parfaitement lucide sur le cas Gala : « Gala était une personnalité assez fascinante, elle n'était pas aimable, mais agréable. Une sorcière, mais une sorcière pleine d'attrait. C'était quelqu'un, vous savez, une femme intelligente et ambitieuse, dotée d'un grand bon sens, qui le maintenait, lui, au travail. C'était une femme dure, sans un atome de sensibilité d'aucune sorte. Dure et sans cœur. »

« Ainsi apparaît sous une lumière brutale celle que nous appellerons la quatrième Gala. Celle qui avait des rapports pervers avec l'argent, celle qui a parfois dévoyé le talent de son mari, celle que la peur de manquer et la peur de vieillir conduiront à une certaine forme de déchéance. Même si l'on hésite à évoquer cette quatrième Gala, on sait cependant qu'elle a existé. Deux éditeurs de Dalí nous ont plusieurs fois rapporté des scènes pénibles, et ces faits sont malheureusement confirmés par des témoignages incontestables. Les voitures italiennes offertes à de jeunes hommes en récompense de services rendus, le geste presque maladif, dès qu'elle recevait une liasse de billets de banque. »

Je ne puis une fois encore résister au plaisir de citer ce qui suit et qui vous donnera peut-être l'envie de lire ou de relire ce livre admirable :

« Quand vous vous promenez dans les jardins des Tuileries, contemplez ces grâces de bronze qui reçoivent les rayons de l'astre dans leurs poses voluptueuses. Elles sont le témoignage d'une fixation admirable : celle de l'artiste sur sa muse, du sculpteur sur son modèle, du créateur sur son égérie. Fixation fidèle des sentiments dans la forme. Fixation matérielle dans le bronze pour l'immortalité. Et fixation poétique du souvenir et de l'avenir de la féminité. Quand elles apparaissaient dans les lumières de Montparnasse, il y avait dans leur sillage comme un scintillement de givre ; leurs voix chantantes disaient l'amour des tsiganes et le rêve en marche de la révolution d'Octobre. Mais elles ont été les prêtresses d'une autre révolution qui engendrait le surréalisme, le cubisme, et toutes les avant-gardes. Gonzague Saint Bris et Vladimir Fédorovski consacrent un livre hommage à ces femmes sublimes. »

Rencontre avec les Ballets russes

Cette rencontre nous fait remonter au tout début de la carrière diplomatique de Fédorovski, lors d'une de ces soirées brillantes et caritatives dont Monaco a le secret. Les invités avaient payé cher le droit de s'asseoir sur les inconfortables petites chaises dorées qui entouraient les tables juponnées de rose et fleuries de pivoines. Le bal était donné au profit des œuvres de la Croix-Rouge monégasque. Parmi l'honorable assistance, les représentants de la famille princière attiraient tous les regards. On remarquait aussi plusieurs actrices de cinéma, des footballeurs et des coureurs automobiles qui volaient la vedette aux notabilités locales.

– Comment aurais-je pu deviner, en faisant avec soin le nœud de mon smoking quelques heures plus tôt, que j'allais faire l'une des rencontres les plus marquantes de ma vie ? raconte Vladimir. La soirée battait son plein. Un peu isolé au milieu de cette foule qui s'amusait, j'hésitais à partir quand je vis se diriger vers moi une de mes amies, lady Durlacher, une aristocrate anglaise d'origine russe [1], accompagnée d'une très belle dame.

---

1. La tante de Mme Zavadovskaïa, le professeur de français d'Irina.

« Cher Volodia, dit-elle, je voudrais vous présenter madame Karsavina... »

Avec le sûr instinct des femmes qui se savent belles et admirées, elle ajouta d'une manière redoutablement directe :

« Je crois que vous vous ennuyez autant que nous. Que diriez-vous si je vous priais de nous raccompagner ? Mon chauffeur a disparu. »

Inutile de dire que je m'inclinai, ravi d'une occasion si rare de rencontrer une des figures les plus mystérieuses et les plus attirantes des Ballets russes. Nous déposâmes d'abord lady Durlacher, et c'est ainsi que je devins le cavalier impromptu de la plus délicieuse des danseuses mythiques de Diaghilev. Le parfum ambré de sa villa, délicat assemblage de fleurs blanches, me saisit d'emblée. Il semblait venir de très loin et je savais déjà que je ne l'oublierais pas. Nous nous installâmes dans le salon et elle demanda qu'on ouvrît les fenêtres. Elle me fit remarquer au large les lumières du yacht royal de la famille d'Angleterre au mouillage pour la nuit. Elle le fit avec d'autant plus de fierté qu'elle avait été pendant de longues années la présidente de l'Académie royale de danse de l'Empire britannique.

Sous la fourrure qu'elle avait jetée sur ses épaules, un diamant brillait de toutes ses facettes. Cette pierre lui avait jadis été offerte par le tsar Nicolas II, ainsi quelques rares artistes du théâtre Mariinski bénéficièrent-ils de présents de prix pour « des performances exception-nelles ». Au gré de ses souvenirs et de ses émotions, Mme Karsavina passait sans s'en apercevoir du russe à l'anglais puis au français, avec une aisance déconcertante. Je m'habituai vite à la suivre, passionné par l'aventure extraordinaire qu'elle me racontait. L'histoire des Ballets russes et d'un homme qu'elle appelait « le tsar des Bal-lets », Serge Diaghilev.

Craignant de la fatiguer, je lui proposai de revenir entendre la suite le lendemain soir. Et c'est ainsi que, en quelques soirées inoubliables, elle me dit toute l'histoire. Le deuxième soir, elle avait préparé près d'elle un porte-feuille de maroquin bleu très usé. À son invite, je lus avec l'émotion que l'on devine des lettres de Diaghilev lui étant adressées.

Un autre soir, son chauffeur nous emmena dans une longue limousine jusqu'à une propriété voisine, où elle me fit découvrir au fond du verger le cabanon oriental dans lequel Diaghilev et Nijinski aimaient venir bavarder en 1912.

Le destin de cette femme est extraordinaire. Sœur du philosophe russe Lev Karsavine, elle étudia la danse à l'École théâtrale de Saint-Pétersbourg, qu'elle termina en 1902. Encore élève, elle interpréta le rôle de l'Amour pendant la première de *Don Quichotte* et fut éblouissante. L'art de Karsavina se forma à l'époque du déclin de l'académisme. Elle ne devint d'ailleurs jamais une danseuse classique accomplie, et les adeptes des traditions du xixe siècle lui reprochaient bien des imperfections techniques. Elle sut cependant y remédier. Ayant débuté dans des petits rôles de caractère, Karsavina passa progressivement à des rôles principaux. Mais ce fut seulement dans les ballets de Michel Fokine qu'elle donna toute la mesure de son talent. Danseuse intelligente, elle apportait un fondement constructif aux envolées impressionnistes de ce chorégraphe avec qui elle se serait mariée si sa mère ne s'était pas opposée à cette « mésalliance ». Elle inaugura un nouveau style d'interprétation chorégraphique, style qui fut plus tard appelé « art intellectuel », avant de devenir une des danseuses emblématiques de Diaghilev. Selon lui, Tamara était une des deux ou trois femmes qu'il aurait pu aimer.

Cette jeune danseuse pourtant si sensuelle ne se laissait pas envahir par la frénésie des passions et des sentiments. Son jeu nuancé, propre à l'impressionnisme, n'était pas un but en soi, mais lui servait à incarner des valeurs éternelles.

– Au moment de cette rencontre mémorable, poursuit Vladimir, j'étais encore très jeune, mais le destin a voulu que l'histoire des Ballets russes m'accompagnât tout au long d'une vingtaine d'années de carrière diplomatique. Picasso et Chagall abordèrent le sujet en ma présence, Dalí raconta ses conversations avec Leonide Massine, lorsque nous nous sommes rencontrés pour préparer sa première exposition à Moscou ; sans oublier Serge Lifar, et Rudolf Noureïev qui évoqua les chemins sinueux parcourus par Diaghilev – en parallèle avec son propre destin – à l'occasion de son retour dans son pays avec l'aval de Gorbatchev en 1987. À la veille des festivités du deuxième millénaire, les journaux du monde entier publièrent leur propre liste des personnalités les plus marquantes du xxe siècle. Parmi elles, *Le Figaro* cita douze grandes figures directement liées aux Ballets russes, de Picasso à Satie, de Nijinski à Stravinsky. Les journaux allemands en citèrent quinze et les journaux russes, quatorze. Aucun, cependant, ne mentionna Diaghilev. J'en fus révolté, d'autant plus que les personnalités citées, Picasso le premier, considéraient Serge Diaghilev comme la figure décisive de l'histoire artistique du xxe siècle.

Une soirée avec Rudolf Noureïev

En 1987, l'architecte de la perestroïka, Alexandre Yakovlev, lança un appel à l'intelligentsia, entamant ainsi la politique de glasnost (transparence). Se redéfinissant au nom de la morale d'avant la révolution, l'intelligentsia insista donc de nouveau sur sa responsabilité éthique. Les dissidents se virent alors reconnus; Andreï Sakharov fut autorisé à quitter son exil de Gorki, les prisonniers politiques furent libérés des camps et des hôpitaux psychiatriques, Aleksandr Soljenitsyne fut réhabilité et publié, les émigrés autorisés à rentrer en URSS.

Sur cette toile de fond, Yakovlev chargea Fédorovski de rencontrer le plus célèbre des artistes dissidents, Rudolf Noureïev, qui dirigeait alors la troupe des ballets de l'Opéra de Paris. Le rendez-vous fut arrangé par un ami commun, André Tomaso, à son appartement de la rue Raynouard dans le 16ᵉ arrondissement, en présence du directeur de l'Opéra, Raymond Soubie, et d'un autre diplomate du Kremlin, Oleg Krivonogov.

– Durant cette longue soirée copieusement arrosée, nous avons refait le monde, raconte Vladimir avec des étincelles dans les yeux. Noureïev me questionna sur Gorbatchev et les aléas de ses réformes, puis parla de sa carrière artistique en Occident. Furent évoqués sa tournée au Kirov et surtout son retour à Oufa, où il devait revoir sa mère. La soirée s'étendit ainsi jusqu'à l'aube. Lorsque nous sortîmes, la lune pleine éclairait la rue déserte. Soudain – je n'oublierai jamais cet instant –, je l'ai vu bondir dans la lumière en un de ses fameux sauts insolents qui avaient subjugué Paris. Chacun de nous le regardait bouche bée. Peut-être dansa-t-il cinq minutes au maximum, mais le temps n'avait plus d'importance. Avant de partir, un peu essoufflé, Noureïev dit avec un sourire malicieux : « N'oubliez pas que je suis un héritier de Diaghilev ! » Il était en effet le digne successeur de la tradition des Ballets russes.

Venu de Russie comme naguère Diaghilev, il fut un des plus grands danseurs de la fin du xxe siècle. Comme Nijinski, il s'imposa en assumant la dimension érotique de son art, tant à travers la danse que la chorégraphie. Comme Massine, il sut surmonter les lacunes de sa technique grâce à sa magnétisante présence sur scène. Et comme Lifar, il dirigea les ballets de l'Opéra de Paris en s'appuyant sur les traditions chorégraphiques russes.

Ces rencontres inoubliables représentaient un des piments de l'activité de Fédorovski, car la routine quotidienne était rythmée par les dépêches diplomatiques adressées à Moscou ou encore les préparatifs des sommets franco-russes, et notamment la première sortie de Gorbatchev à l'étranger en octobre 1985.

À l'époque, il se lie aussi d'amitié avec un grand pianiste et dissident russe Mikaël Roudy. Fédorovski contribue à son retour triomphal en Russie. (D'ailleurs tous les deux préparent, en 2009, un spectacle à l'occasion du centenaire des saisons russes de Diaghilev.)

Les Gorbatchev à Paris

Jamais les diplomates russes n'eurent à déployer tant d'efforts pour une épouse de dirigeant.

– Je me souviens de l'arrivée du nouveau maître du Kremlin et de sa femme à Paris. La délégation qui les accompagnait comprenait quatre-vingt-dix-sept personnes, sans compter les journalistes. Trente-quatre fonctionnaires du KGB s'occupaient uniquement de la sécurité. Parmi eux, le personnel spécifiquement alloué à Raïssa : une femme de chambre, une habilleuse, deux cuisiniers et deux maîtres d'hôtel, placés sous la direction du général du KGB. Avant son arrivée, le Kremlin avait fait savoir à l'ambassade que la première dame de l'Union soviétique ne souhaitait pas être accompagnée de trop de monde et surtout d'un nombre restreint de femmes.

D'emblée, Raïssa affola ses gardes du corps français et russes en changeant les programmes établis. Ainsi, passant devant la Closerie des Lilas à Montparnasse, un des restaurants de prédilection de l'émigration russe, elle fit stopper la 604 présidentielle et proposa à Danielle Mitterrand d'aller y prendre un verre avec elle. Lorsque les gorilles lui déclarèrent que sa sécurité n'était pas assurée dans ce lieu, Raïssa répondit sèchement : « Nous sommes davantage en sécurité là où nous ne sommes pas attendus. »

Une autre innovation de la première dame de l'URSS fut de se rendre dans les maisons de couture pour assister aux défilés. Elle honora de sa visite Pierre Cardin, déjà bien implanté en Union soviétique, et Yves Saint Laurent, dont les ateliers se trouvaient juste en face de l'hôtel de Marigny, résidence des Gorbatchev. À cette occasion, elle arrangea une exposition *Yves Saint Laurent* à Moscou et discuta de manière décontractée avec le grand couturier.

– Opium est mon parfum préféré et j'aime beaucoup le noir, avoua-t-elle à son hôte; pensez-vous qu'il va continuer à se porter?

– Oui, toujours, répondit le couturier.

– Défendrez-vous les jupes courtes, la saison prochaine?

– Je suis pour le court comme pour le long : cela dépend des cas...

– Vous voulez dire que cela dépend des jambes, n'est-ce pas?

– Si l'on veut...

– Mais combien une femme doit-elle peser pour porter vos modèles?

– Il vaut mieux qu'elle soit le plus mince possible.

– Alors il est temps que je m'en aille!

Raïssa avait aussi de l'humour, car elle n'hésita pas à préciser que ses mensurations étaient susceptibles de correspondre aux modèles du couturier : 86-70-89.

Décidément, Mme Gorbatchev montrait aux Occidentaux que l'époque où les femmes vivaient jadis recluses était révolue!

Le courant était passé entre le couple Gorbatchev et le couple Mitterrand qui s'est dit plus tard « taraudé » par une seule question : comment le système communiste pouvait-il produire des êtres si ouverts et si séduisants?

Au fil des années, leurs relations prirent un caractère réellement amical. La première dame soviétique demandait même conseil à l'épouse du président français : « Je suis novice dans le métier », rappelait-elle avec un sourire mutin dans son élégant ensemble de soie à rayures beige et noire. C'est peut-être cette complicité installée qui poussa Raïssa à faire des caprices, frôlant l'incident diplomatique.

– Je me souviens de leur deuxième visite à Paris, raconte Vladimir, à l'occasion du bicentenaire de la Révolution française : Mitterrand organisa pour Gorbatchev un dîner privé en son domicile de la rue de Bièvre. Fatiguée par une journée harassante, Raïssa demanda à son époux – en toute simplicité – de se décommander au dernier moment. Effrayé par cette entrave au protocole, Mikhaïl Gorbatchev dut mener d'âpres négociations avec sa femme pour parvenir à la convaincre d'assister à ce dîner. Il y avait quelque chose de surréaliste dans l'échange de leurs propos, ressemblant à une querelle de clocher entre une femme rebelle et un mari docile. En octobre 1991, les Gorbatchev furent reçus à Latché. Comme Raïssa avait apprécié le miel servi au petit déjeuner, Danielle Mitterrand proposa de lui offrir quelques ruches pour sa maison de campagne. Elle leva alors les bras au ciel et se tourna vers son mari : « Que ne t'ai-je demandé de renoncer aux datchas d'État pour posséder ne serait-ce qu'un petit lopin de terre ! Nous n'avons rien à nous, ajouta-t-elle en s'adressant à Danielle Mitterrand, même pas un endroit où installer une ruche ! »

Il est vrai qu'à cette époque, même les coussins que Raïssa avait l'habitude d'emporter lors de ses voyages appartenaient à l'État...

La rupture

L'année 1987 fut une date charnière. À Paris, Fédorovski continuait à servir de relais aux réformateurs moscovites, animé par le principal conseiller de Gorbatchev, Alexandre Yakovlev. Gorbatchev pensait toujours instaurer un nouveau système selon les recettes des réformateurs tchèques du Printemps de Prague. Mais il hésitait encore à donner le feu vert aux réformes permettant la privatisation des entreprises et autres mesures réelles ouvrant la voie vers l'économie de marché. Il continuait à jouer sur tous les tableaux, incarnant à la fois le symbole de la réforme tout en demeurant le chef de la nomenklatura. En réalité, il essayait de contrôler, voire de manipuler, les représentants de deux tendances inconciliables de son entourage. Aussi suggéra-t-il à Yakovlev de rencontrer le patron du KGB, Tchebrikov, afin que les deux hommes puissent se parler d'une manière « informelle ». Tchebrikov dévoila quelques détails concernant la collaboration des dissidents soviétiques avec ses services secrets, espérant sans doute ainsi gâcher les relations de Yakovlev avec ces derniers, qui commençaient à soutenir Boris Eltsine, devenu cette année-là leader de l'opposition démocratique.

Mais les événements prirent une autre tournure quand

Tchebrikov, malade, fut contraint de prendre sa retraite. Dans ce contexte, Yakovlev a reconnu avoir commis une erreur capitale : proposer la candidature de Vladimir Krioutchkov au poste de président du KGB. Loin d'être un idéologue de premier plan, cet ancien patron des renseignements extérieurs soviétiques devait sa carrière à Iouri Andropov. C'était un apparatchik plutôt terne mais travailleur, ayant su séduire les réformateurs par ses prises de position inattendues en faveur de la social-démocratie.

Krioutchkov avait été marqué par les événements de 1956 à Budapest, quand, à l'instigation d'Andropov, alors ambassadeur en Hongrie, l'Union soviétique utilisa la manière forte pour écraser la volonté d'indépendance de ce pays. Plus tard, en 1968, il effectua des allers et retours à Prague lors de l'intervention soviétique, supervisa l'action des commandos du KGB à Kaboul en 1978. Il était également présent lorsque le général Jaruzelski proclama l'état d'urgence en Pologne en 1981. Bref, une longue expérience d'intrigues et de situations d'exception.

Les généraux du KGB n'avaient cependant pas un grand respect professionnel à son égard.

– Du début à la fin, il est resté un administrateur et un fonctionnaire du Parti, raconte Vladimir. Il n'était qu'un protégé d'Andropov remarqué par Gorbatchev au cours d'un voyage aux État-Unis. Malheureusement, c'était l'adversaire principal des réformateurs.

Pour donner une nouvelle dynamique à la perestroïka, leur chef, Yakovlev, imagina la plus simple des solutions : des élections législatives à candidatures multiples. Ceci eut pour conséquence de modifier les rapports entre gouvernants et gouvernés.

– Le nouveau Parlement soviétique comptait plus d'une personnalité dans ses rangs décidée à se faire entendre et à faire partie du Soviet suprême. Mais les discussions battaient aussi leur plein. C'était la première fois que les dirigeants réformateurs et les conservateurs du Parti s'affrontaient publiquement par voie de presse, appelant à la rescousse les « spectateurs ».

De cette bataille, les réformateurs semblaient sortir vainqueurs d'une tentative de déstabilisation lancée par le chef de file des conservateurs communistes Ligatchev. (C'était en mars 1987 à propos d'un article représentant le manifeste des néostaliniens publié dans la presse sous le nom d'un professeur de l'université de Saint-Pétersbourg, Nina Andreïeva.)

Contrairement à la pratique usuelle, le KGB n'avait pas jugé bon de prévenir Gorbatchev que cette offensive se préparait. Cela éveilla la méfiance de Yakovlev qui incita les médias amis à critiquer les actions du KGB. Krioutchkov devint alors la cible d'attaques extrêmement virulentes de la part de la presse réformatrice, l'homme à abattre, notamment visé par son ex-collègue le général Kalouguine, ancien chef du contre-espionnage soviétique, qui demanda publiquement à plusieurs reprises la démission du chef de la police politique. (Yakovlev avait fait la connaissance de Kalouguine à la fin des années cinquante, alors qu'ils étaient tous les deux stagiaires à l'université de Columbia aux États-Unis; ils avaient gardé depuis des relations amicales.)

À son tour, Krioutchkov prépara sa riposte. Dès sa nomination à la tête du KGB, il avait créé un nouveau département, le « département analytique ». Officiellement, il s'agissait de montrer qu'il était capable de moderniser les services de renseignements. En vérité, ce département devint une véritable machine de guerre contre l'opposition démocratique. Une arme aussi contre les dirigeants russes pro-Eltsine, et avant tout un instrument pour discréditer

Alexandre Yakovlev. Ce département était chargé de propager de fausses nouvelles, notamment sur les activités de ce dernier au sein du mouvement démocratique. Krioutchkov ordonna également aux sections économiques de constituer des dossiers sur les nouveaux millionnaires de la perestroïka, les entrepreneurs qui tentaient de trouver leur autonomie à travers le maquis des lois et des décrets des structures étatiques. Des « supers » inspecteurs guébistes furent ainsi autorisés à perquisitionner sans mandat dans les bureaux des sociétés soviétiques et occidentales.

En pleine euphorie de « Gorbimania » en Occident, alors que Stockholm couronnait le président soviétique du prix Nobel de la paix, une autre controverse, plus grave encore, allait opposer les réformateurs et le KGB à propos de la politique étrangère.

Pour Fédorovski, c'est le moment crucial de la fin du communisme :

– Le dossier le plus épineux du moment concernait les pays d'Europe centrale. Comme aux premières heures de la perestroïka, Yakovlev continuait à mettre ses adversaires devant le fait accompli. À propos de l'Europe centrale, il agit ainsi en mettant une croix sur les confins de l'Empire central et en acceptant définitivement le droit des peuples à disposer d'eux-mêmes. L'architecte des réformes proposait un schéma de base simple, mais convaincant : « Il faut essayer de consolider en rénovant. » La crise polonaise de janvier 1989 se développa avec pour toile de fond cette épreuve de force entre les réformateurs et le KGB. Certes, tous les deux partageaient le même diagnostic sur la situation, mais leurs avis divergeaient sur les moyens de résoudre le problème. Huit ans après la prise du pouvoir par les généraux, Varsovie frôlait le chaos politique et économique. L'état de guerre introduit en Pologne ne régla cependant rien ; les grèves se multiplièrent à travers tout le pays. Les militaires polonais envisagèrent donc de frapper, comme en 1981, mais le général Jaruzelski s'opposant à l'utilisation de la force, proposa de conclure une sorte de contrat social à la polonaise, donnant davantage de pouvoir à Solidarność.

– Les discussions autour de la Pologne, me raconta M. Yakovlev, reflétaient le processus type de prise de décision au sommet durant les années Gorbatchev. Généralement, les délibérations étaient menées dans le fameux salon décoré de boiseries de noyer jouxtant le bureau du président soviétique. Quatre ou cinq personnes y participaient : Gorbatchev, Krioutchkov, le ministre de la Défense Yazov, Chevardnadze et moi-même.

Ces deux derniers faisaient habituellement bloc, tandis que Gorbatchev jouait le rôle de pseudo-arbitre, même si souvent il s'entendait préalablement avec ceux-ci, surtout en matière de politique extérieure. Il apparaissait aussi de temps à autre entre Chevardnadze et Yakovlev des divergences de tactique, car ce dernier pensait que le retrait soviétique de l'Europe centrale devrait être accompagné par l'engagement ferme de la part des Occidentaux de faire entrer Moscou dans l'ensemble des organismes internationaux, notamment financiers.

Les Polonais restaient en contact permanent avec la capitale soviétique. Désormais, le message de Yakovlev était clair : de Prague à Varsovie, il fallait en finir avec l'époque où l'URSS s'arrogeait le droit d'intervenir. Sa logique était déterminée par des considérations de politique intérieure : l'utilisation de la force aurait été fatale à la perestroïka : « Nous ne pouvons pas recourir à la force car cela signifierait la fin des réformes. »

Fin août 1989, onze ans après l'intervention soviétique

à Prague, le Kremlin fut confronté à un choix définitif. À la surprise générale, Solidarność avait remporté la victoire sur les communistes au premier tour des élections. Les communistes devaient donc quitter le pouvoir, mais comment faire sans le feu vert de l'URSS ? Yakovlev suggéra à Gorbatchev de prendre l'initiative de rassurer Varsovie, ce que ce dernier fit le 22 août, en lançant ces quelques mots au Premier ministre polonais Mieszyslaw Rakowski :
– Il faut que tu te résignes à la nouvelle donne. Tu dois faire avec...

Ainsi, en quelques minutes, la doctrine de Brejnev, la souveraineté limitée, était enterrée. Le premier gouvernement non-communiste de l'après-guerre fut constitué en Pologne, avec la nomination de Lech Walesa, un militant catholique de Solidarnosc à sa tête.

La réunification de l'Allemagne représentait un deuxième sujet de confrontation entre le KGB et les conservateurs du Parti. Déjà deux ans auparavant, Yakovlev avait déclaré (devant plusieurs témoins dont Fédorovski), que la réunification était inévitable. D'ailleurs, le président du KGB Krioutchkov confirme dans ses *Mémoires*[1] que les services secrets soviétiques eurent vent de cette position après que Yakovlev se fut rendu en RDA où il testa confidentiellement cette conviction auprès de ses interlocuteurs, à savoir « si la réunification n'était pas la solution à la stabilité en Europe ».

Les événements se précipitèrent lors de la visite de Gorbatchev à Berlin-Est, à l'occasion du quarantième anniversaire de la RDA. La population acclama le président soviétique, au détriment du vieux chef est-allemand Honecker. À son retour, Gorbatchev signifia à

---

1. *Mémoires de Krioutchkov*, Éditions du Rocher, 1997.

154

Yakovlev la nécessité de choisir un successeur à « ce vieux stalinien ». Peu de temps après, Krenz prenait sa place.

À l'automne 1989, le chef du KGB n'avait de cesse d'alerter Gorbatchev des suites de l'évolution de la situation en RDA, « défavorables aux intérêts de l'URSS ». Une fois encore, Yakovlev, soutenu par son ami le ministre des Affaires étrangères Chevardnadze, tint bon : « Il n'y a pas d'alternative à la réunification, car, dans le cas contraire, il faudrait utiliser les forces armées soviétiques, et les réformateurs, déjà en perte de vitesse, deviendraient les otages des militaires et du KGB. » Cette analyse allait déterminer l'attitude du Kremlin lorsque, la nuit du 8 au 9 novembre 1989, les Allemands de l'Est commencèrent à franchir le mur.

L'ambassadeur soviétique téléphona plusieurs fois à Moscou et, à chaque coup de fil, il entendait la même réponse laconique : ne pas bouger. Affolé, le diplomate demanda la confirmation écrite des positions du Kremlin. Le télégramme du ministère des Affaires étrangères stipula : « Ce n'est pas de notre ressort. Il s'agit des relations interallemandes. »

Pour les conservateurs, cette affaire fut la goutte d'eau qui fit déborder le vase. Désormais la rupture était consommée. Ils décidèrent donc de passer à l'offensive.

Le KGB avait la ferme intention de briser non seulement les réformateurs, mais aussi d'éliminer Gorbatchev du pouvoir. Aux dires mêmes de Krioutchkov, il ne s'agissait bien entendu pas de le faire disparaître physiquement : « L'idée ne nous est même pas venue à l'esprit. Nous voulions proposer à Gorbatchev d'abandonner ses fonctions pendant quelque temps pour des raisons de santé et déléguer provisoirement le pouvoir à ses collaborateurs directs. » (Cité d'après ses *Mémoires*.)

Le KGB organisa une nouvelle tentative d'intoxication minutieusement préparée – qui influença d'ailleurs l'attitude de Gorbatchev. C'est ainsi qu'à l'occasion des fêtes du 1ᵉʳ mai 1990, auxquelles assista Fédorovski, le secrétaire général fut hué par la foule massée sur la place Rouge, au point qu'il dut quitter la tribune du mausolée de Lénine. Au demeurant, cette foule était assez clairsemée, la plupart des mouvements de l'opposition ayant décidé de boycotter le meeting de la fête du Travail. Lorsque les manifestants réformateurs, mais également les anarchistes et les anticommunistes, parvinrent à s'engouffrer sur la place Rouge, ils brandirent à la tête de Gorbatchev l'image du Christ face aux immenses portraits de Lénine.

Fédorovski reconnaît que les dirigeants de l'opposition ont fait une erreur en appelant leurs militants à participer à ce défilé. La télévision n'hésita pas à diffuser les faits. Le lendemain, la rumeur courut que les opposants de l'Union des électeurs moscovites s'apprêtaient à lancer six cents personnes à l'assaut du Kremlin... Rien que ça. Vladimir se souvient cependant – et il est formel – qu'il s'agissait d'une fausse information préparée par Krioutchkov, destinée à déstabiliser Gorbatchev.

– Les manipulations du KGB, me raconta M. Yakovlev, étaient étoffées de mensonges provenant aussi bien des services secrets que de la fédération du Parti de Moscou.

Un agent des services secrets prétendit même avoir assisté à une réunion du Mouvement des Réformes Démocratiques présidée par moi-même. L'objet de cette rencontre : trouver des échelles de corde et des crochets pour attaquer le Kremlin.

La désinformation était si bien traitée qu'à la lecture du compte rendu, Gorbatchev s'inquiéta. Yakovlev dut alors le calmer, affirmant avec humour que, comme il y avait « pénurie de cordes et de crochets dans le pays, il serait donc très difficile de s'en procurer ».

Abreuvé de ce genre de fausses informations, le président se trouvait de plus en plus coupé de la réalité. Comme les grands tsars mythiques de la Russie éternelle, il était hanté par la peur. Ses appréhensions frôlaient parfois le grotesque. Il pensait par exemple que la demeure présidentielle allait être prise d'assaut par les militants démocratiques ou encore que ses petites-filles seraient enlevées.

Paradoxalement, le président ne percevait pas alors le changement d'attitude du KGB, tandis qu'il était de plus en plus chahuté par l'opposition réformatrice.

Boris Eltsine, élu président du Parlement russe, avait déjà rendu sa carte du Parti et se prononçait pour des changements radicaux. Celui-ci s'était forgé une popularité en allant traquer la corruption dans les magasins moscovites, lorsqu'il dirigeait le Parti de la capitale.

– Je l'ai côtoyé lors de son voyage à Paris, raconte Vladimir, quand il participa à l'émission de Bernard Pivot au mois d'avril 1990. Massif, râblé, avec son épaisse chevelure grise et sa facilité à lever le coude, il ressemblait à l'homme de la rue, tandis que la population considérait avec méfiance l'allure trop occidentale de Gorbatchev.

Combien de fois lors de leurs conversations tardives, Yakovlev avait-il prévenu Gorbatchev que la crise économique était le plus grand danger pour les réformes ? « Les casseroles vides sont plus néfastes que n'importe quelle tentative de coup d'État. » Finalement, il parvint à convaincre son poulain de dire oui aux économistes réformateurs.

Ainsi, Gregory Yavlinski, jeune économiste en vogue à l'époque, coqueluche des milieux universitaires

157

américains, contribua à la rédaction d'un projet qui devait entrer dans l'histoire sous le nom de « Programme des cinq cents jours ».

– Gorbatchev parlait effectivement d'économie socialiste de marché, dit Vladimir. Les Chinois aussi, mais ils ont transformé leur économie progressivement, tout en conservant les structures politiques socialistes. Gorbatchev semble avoir voulu réformer le système communiste sans le détruire, mais il s'est attaqué à l'aspect politique et non à l'économique. Or, dans un système où économie et politique vivaient en symbiose, l'une était soumise à l'autre. L'enjeu était clair. Une économie mixte reste une économie dirigée – le Parti, éventuellement sous un nouveau nom, gardait son rôle. La police politique conservait ainsi son pouvoir au Kremlin. En revanche, une économie privatisée aurait rendu le Parti et le KGB inutiles.

Malgré une série d'allers et retours dont Mikhaïl Gorbatchev était coutumier, il semblait cette fois-là s'engager sur la voie des réformes. Il promit même de changer le système et de remettre son mandat en jeu en instaurant le suffrage universel. À l'époque, il aurait pu l'emporter puisque ses positions avaient été renforcées par sa confirmation de secrétaire général lors du XXVIIᵉ congrès du Parti au début de l'été 1990. Cependant, il lui fallait agir vite. La percée de Boris Eltsine et la perspective d'un retour au capitalisme provoquèrent une mobilisation générale des grands boyards du Kremlin animée par le KGB.

À peine Gorbatchev eut-il accepté cette perspective qu'il fut convoqué, la nuit du 30 août 1990, par « ses amis » du Comité central et du Bureau politique. Une pluie froide tombait sur Moscou et il semblait que l'été s'en était allé pour ne plus revenir. La ville était boueuse et sombre, les rues brillaient d'un éclat humide. Après des mois d'hésitations, le président de l'URSS se disait résolu à lancer son pays sur la voie de l'économie de marché. L'heure de vérité aurait pu sonner, mais cette nuit-là, il lui fut signifié qu'il devait choisir son camp : « Vous voulez changer le Premier ministre Rijkov ? Qu'il démissionne ou qu'il soit démis de ses fonctions, vous serez le prochain sur la liste. » Gorbatchev louvoya de nouveau. « Il eut alors l'idée stupide de vouloir réunir les programmes réformateur et conservateur », déclara Yakovlev, stupéfait du revirement de son poulain, tantôt prêt à aller beaucoup plus loin, tantôt sur le point de reculer sous la pression des nostalgiques du régime soviétique.

Selon Youri Rijov, figure démocratique de l'époque, plus tard ambassadeur à Paris, le putsch se préparait déjà.

Le revirement de Gorbatchev a probablement temporairement écarté le danger :

– En renvoyant aux calendes grecques la vraie réforme de l'économie, le chef du Kremlin a peut-être retardé l'échéance fatidique. Mais que se serait-il passé si, au lieu d'écouter les cassandres de la réaction, il s'était engagé dans l'économie de marché ? Une fois encore, il manqua l'occasion de rompre. Pourtant, l'inspirateur de la perestroïka et nous autres, les réformateurs, lui restâmes fidèles.

Le début du mois de septembre 1990 fut marqué par des rumeurs inquiétantes faisant état d'étranges mouvements de troupes aux abords de la capitale. Les taupes de Yakovlev au KGB confirmèrent que ces manœuvres étaient menées de concert avec les services secrets. En effet, le 10 septembre, les divisions de parachutistes arrivaient de Riazan, dans les environs de Moscou. Le ministère de la Défense, contraint de rendre compte de ces mouvements au chef de l'État, prétendit que les soldats avaient été acheminés là pour « aider à la récolte des pommes de terre ». Une seule ombre au tableau : ils étaient armés jusqu'aux dents... Les Moscovites se souviennent encore de cet épisode appelé « les patates en réforme ».

– Même si je considère que l'ère Gorbatchev fut une période majeure de l'histoire de l'Europe, dit Vladimir, je constatai avec dépit que le chef du Kremlin travaillait de plus en plus avec les adversaires de la réforme. Et en attendant, la voie était libre pour les conservateurs qui désiraient renverser le cours de l'histoire en provoquant le chaos au sein de l'Empire. Et je ne voulais pas cela pour mon pays.

À cette époque, Fédorovski prit ses distances vis-à-vis du Kremlin, car, outre les hésitations et les ambiguïtés de Gorbatchev, en avril 1989, à Tbilissi, les troupes spéciales du régime avaient réprimé violemment une manifestation indépendantiste. Bien sûr, derrière ces événements se profilait toujours la main du KGB. Et le président de l'URSS était l'instigateur de ces répressions.

Le 13 novembre, Gorbatchev reçut au Kremlin un millier de « députés militaires » et fut chahuté. Quatre jours plus tard, le 17 novembre, le groupe procommuniste Soyouz (Union) lui lançait un défi : « Nous vous donnons trente jours pour instaurer le pouvoir présidentiel ou pour démissionner ! »

Ces incidents secouèrent le chef du Kremlin. C'est du moins ce qu'il déclara à ses alliés réformateurs.

À partir de ce moment-là, la vie de Fédorovski ressemble à une sorte de roman politique où la réalité dépasse la fiction.

Le « pouvoir présidentiel » était une sorte d'état d'urgence, institué par le Parlement quelques mois plus tôt. Dans ce cadre, Gorbatchev pouvait gouverner par décrets. Une sorte de « dictature légale » du Kremlin, conçue à l'origine par des libéraux afin d'imposer des réformes de structures, mais que les ultras entendaient désormais utiliser à leur profit. Mais pour l'instaurer, il fallait s'appuyer sur la police politique, autrement dit redevenir l'otage du KGB [1].

Le 8 décembre 1990, Krioutchkov convoqua dans son bureau de la Loubianka deux de ses collaborateurs directs [2] et leur demanda de préparer un rapport sur les mesures à prendre pour « stabiliser » le pays après que l'état d'urgence eut été imposé.

– Le climat devenait de plus en plus malsain, et à l'ambassade et dans le pays, raconte Irina. Nos amis qui venaient de Moscou nous faisaient part de leurs appréhensions et de leurs craintes. Nous sentions bien qu'une autre période s'amorçait.

– En effet, reprend Vladimir, la lutte était féroce et le moindre faux pas pouvait avoir des conséquences néfastes, et pour le pays et de manière personnelle. L'opposition à l'intérieur de l'ambassade devenait de plus en plus nette, mais les affrontements passaient en

---

1. À l'époque, Krioutchkov, fit circuler à travers un cercle nationaliste l'analyse suivante :
– la plupart des cadres du Parti, de l'armée et du KGB soutiendront la reprise en mains du Kremlin, de même la plupart des cadres communistes chinois ont accepté, en 1989, le coup de force de la place Tian'anmen ;
– la crise du Golfe contraindra les pays occidentaux à fermer les yeux sur une éventuelle répression en URSS ;
– cette même crise suscite, à l'intérieur de l'URSS, un sursaut nationaliste qui servira l'opération.
2. Il s'agit de son ancien chef de cabinet, Viatcheslav Jiline, désormais directeur adjoint de la première direction du KGB, et Alexeï Iegorov qui travaillait au contre-espionnage.

161

sourdine : les diplomates sont des gens prudents et enclins au compromis. Beaucoup étaient contre les changements. Ces gens se sentaient plutôt bien dans le monde brejnévien; ceux qui, à l'inverse, en voyaient toutes les tares avaient quand même peur du changement. D'autres se sentaient perdus sans plus de points de repère clairs. Mais il y avait ceux qui combattaient la nouvelle politique de Moscou.

À ce sujet, Irina raconte, non sans élégance :

– Tout le monde sait qui a pris quelle position dans telle ou telle autre affaire, à l'intérieur ou à l'extérieur du pays. Mais je crois que ce n'est plus le moment d'en parler maintenant. Cela aurait été trop facile de se mettre à régler les comptes. Certains le désirent, certes, seulement ce qu'ils veulent régler, ce sont des comptes personnels. Toutes les querelles politiques, ou dans les affaires, se terminent toujours par des règlements personnels.

Et d'ajouter :

– L'homme, finalement, n'est pas capable de s'abstraire de son ego.

– Au mois de décembre 1990, raconte-t-elle encore, notre ami Stanislav Chalatine (le conseiller économique de Gorbatchev, *nda*) était de passage à Paris. Il pleurait presque en nous racontant comment Gorbatchev cédait un terrain après l'autre aux conservateurs, comment il avait été pris en tenaille par eux. « Si quelqu'un a décidé de se suicider, disait-il, il est impossible de le retenir. »

À Moscou, les rapports entre Yakovlev et le président se dégradaient encore un peu plus. En privé, Chevardnadze, un autre ami de Vladimir, qui était encore pour quelques semaines le chef de la diplomatie de Gorbatchev, ne cachait pas sa déception.

– Cela a été une affaire très importante! s'exclame

Alexandre Adler. Disons qu'avant le putsch il y a eu la période intermédiaire, c'est-à-dire qu'après le renversement du régime communiste de l'Est, et quand l'Empire soviétique s'est effondré comme un château de cartes, Gorbatchev s'est retrouvé nu et complètement isolé, parce que les durs, la vieille garde, ne lui pardonnaient pas d'avoir finalement échoué d'une manière aussi évidente. À partir de là, les critiques se sont faites plus vives et la contre-offensive a commencé, dont le coup d'État d'août 1991 a été le point culminant. Dès le début de l'année 1990, on sentait bien qu'on était arrivé à un pouvoir complètement incertain. À ce moment-là, Gorbatchev n'avait plus tout à fait les clefs de la maison en main, c'est le moins qu'on puisse dire. Et puis, à un moment donné, j'ai fait un peu le tour, j'ai lu les journaux, je suis allé à quelques réceptions à l'ambassade. J'avais envie de parler avec Vladimir, mais je sentais que les choses étaient un peu délicates. Alors j'ai fait quelque chose d'inédit, que je n'ai plus refait, je me suis pointé sans rendez-vous à l'ambassade où je savais qu'il travaillait, et j'ai demandé à le voir. Il est descendu et nous sommes allés dans une pièce. Je lui ai demandé avec des gestes s'il y avait des micros, il m'a dit que non. Je me suis quand même méfié et j'ai simplement demandé : « Alors, c'est la fin ? » Il m'a répondu en regardant ses chaussures : « Eh bien oui. » Je lui ai alors demandé ce qu'il comptait faire et il a répondu : « De toute façon, on ne va pas s'écraser et je ne m'écraserai pas. » Ce fut ma dernière conversation avec lui, car il était déjà sur le départ.

Toujours en ce mois de décembre 1990, Alexandre Yakovlev se rendit à Paris pour participer à un colloque.

Ce séjour allait être décisif pour Fédorovski.

Ce fut entre les murs feutrés de la maison Le Doyen

que les deux hommes évoquèrent le caractère velléitaire de Gorbatchev et les dangers encourus par le pays ; parvenant à une même conclusion : la nécessité de créer un mouvement divergent en faveur des réformes, qui se proposerait de dépasser les clivages entre les partisans d'Eltsine, dont la popularité s'affirmait, et ceux de Gorbatchev, pour faire bloc contre les agissements des conservateurs du Parti et du KGB. Ce mouvement, dont Vladimir sera le porte-parole, sera officiellement créé sous le nom de Mouvement des Réformes Démocratiques, avec à sa tête Alexandre Yakovlev, Edouard Chevardnadze et Anatoli Sobtchak (le maire de Saint-Pétersbourg).

Le 20 décembre, à Moscou, survint un autre coup d'éclat de ce drame ; le flamboyant Chevardnadze démissionna du poste de ministre des Affaires étrangères en déclarant : « Je ne peux pas donner mon accord à la dictature qui arrive. Nul ne sait quelle sera cette dictature, ni qui sera le dictateur. »

Formule-choc, prononcée sous un tonnerre d'applaudissements à la tribune du Parlement.

Derrière lui, Gorbatchev resta silencieux. Pourtant, les destins des deux hommes semblaient inextricablement liés ; sensiblement du même âge, amis et alliés de longue date, ils possédaient le même tempérament « non-conformiste ».

Trois jours plus tard, un nouveau psychodrame se déroula dans la même salle du Kremlin.

– Nous sommes plongés dans le chaos, déclara Gorbatchev.

Un député s'écria tel un boyard de Boris Godounov :

– Une main de fer ! Voilà ce qu'il nous faut !

À cela Gorbatchev répondit d'une manière pathétique :

– Tout le monde sait que je ne serai pas un dictateur ;

j'aurais voulu en être un, il m'aurait suffi de garder les pouvoirs dont je disposais déjà. Tout le monde sait que les anciens chefs du Parti ont joui d'un pouvoir, à quoi rien au monde ne pouvait être comparé... Au cours des huit mois qui suivirent, Krioutchkov essaya à maintes reprises de convaincre Gorbatchev d'accepter de proclamer l'état d'urgence. En décembre puis en janvier 1991, divers remaniements eurent lieu à la tête de l'État et du gouvernement. Les conjurés ultras s'installaient aux postes clefs du Kremlin... avec l'assentiment de Gorbatchev [1].

1. Pavlov remplaça Rijkov à la présidence du Conseil. Pougo évinça au ministère de l'Intérieur le modéré Vadim Bakatine. Plus surprenante encore fut la nomination du conservateur communiste Yanayev au poste, venant d'être créé, de vice-président de l'URSS.

La deuxième vie

À la même époque, les Fédorovski rentraient à Moscou en ayant pris soin, au cas où les choses tourneraient mal, de laisser leur fille à Paris aux bons soins des Adler.

– Comme tout cela était très incertain, raconte Alexandre Adler, et que sa fille désirait rester en France où elle suivait un stage à l'ENA, et ne savait pas où se loger, je lui ai proposé un petit appartement qui appartenait à ma grand-tante et que j'utilisais comme bureau. Vladimir a alors travaillé comme un fou pour l'aménager et nous y avons installé la petite qui y est restée pendant un an et demi. De cela, une amitié très solide est née. Ce n'était pas grand-chose pour moi, mais c'était un moment difficile pour eux, ils étaient un peu comme des pionniers qui avaient tout remis en cause pour commencer une nouvelle vie. Cette aide n'était pas considérable, mais cela lui a enlevé une épine du pied, et notre amitié, plutôt culturelle, est devenue plus intime.

Depuis sa dernière entrevue avec Yakovlev à Paris, Vladimir avait en effet pris une décision grave : il allait donner sa démission du service diplomatique pour rejoindre ses amis réformateurs. Après l'affaire Okoudjava, ce fut le deuxième déclic ; un deuxième pas en faveur de la liberté, un nouveau refus de la fatalité. Il s'engageait alors dans sa deuxième vie. Cette période ne dura que douze mois, mais ces mois furent décisifs; sans doute le seul moment où Fédorovski ne fut pas seulement observateur privilégié, mais aussi acteur des événements majeurs qui allaient se dérouler jusqu'au mois d'août.

D'autres faits confortèrent notre héros dans son choix, quand, à la mi-janvier 1991, des commandos du groupe Alfa du KGB tentèrent de renverser les gouvernements indépendantistes de Vilnius et de Riga. Ils firent plus de dix morts et cent blessés en s'emparant de la tour de télévision de Vilnius, la capitale lituanienne. Un scénario identique, moins sanglant mais tout aussi grave, se déroula en Lettonie.

– Tout cela sentait la manipulation, dit Vladimir. Il s'agissait en fait de répétitions grandeur nature des plans appliqués à l'échelle du pays. Gorbatchev a couvert toutes ces actions. Il n'a d'ailleurs jamais sanctionné les responsables.

La manipulation politique, encore et toujours cette hantise chez Fédorovski.

Le 25 janvier, Gorbatchev signait un oukase instaurant des « patrouilles conjointes de l'armée et de la milice ». Un deuxième oukase présidentiel habilitait ces patrouilles à perquisitionner sans mandat. Le 29, un troisième oukase élargissait les pouvoirs du KGB dans la « lutte contre la corruption ». La censure de la presse écrite et audiovisuelle était rétablie.

Fédorovski et ses amis se demandèrent si cette attitude du chef du Kremlin était déterminée par des considérations tactiques – en laissant la voie libre aux conservateurs communistes désirant renverser le cours de l'histoire –, ou par un changement de stratégie.

Désireux de sauver sa réputation de libéral aux yeux

167

de l'Occident, Gorbatchev tergiversait encore tandis que, bravant les conservateurs, Eltsine se rendit en Lituanie pour soutenir les indépendantistes [1]. La rupture était désormais consommée entre le chef du Kremlin et les réformateurs.

– Il fallait se rendre à l'évidence, dit Vladimir, nous considérions dès lors Gorbatchev comme l'otage du KGB. Et pour les forces réformatrices, le drame de Vilnius signifiait la mort de la perestroïka !

Le 17 mars 1991, un référendum sur le maintien de l'Union soviétique, qui devait confirmer le « pouvoir présidentiel », anéantit Gorbatchev. En effet, Eltsine avait fait ajouter en Russie une seconde question : « Approuvez-vous la désignation d'un président de la République de Russie au suffrage universel ? » Le « oui » fut massif.

– Bien sûr, mes amis réformateurs et moi soutenions Eltsine.

Gorbatchev tenta de s'opposer à ce « détournement », mais Eltsine menaça d'organiser un boycott du scrutin dans sa République, ce qui lui eût ôté toute légitimité.

Une nouvelle confrontation aurait pu avoir lieu au début de l'été, mais il n'en fut rien. Le KGB, ayant déjà choisi la voie du putsch, adopta un profil bas.

Le 12 juin, Eltsine remportait de très loin l'élection présidentielle russe.

Le regardant prêter serment au Kremlin en présence du patriarche de Moscou, et aux sons de l'opéra de Glinka, *La Vie pour le tsar*, Fédorovski observait Gorbatchev.

---

1. Aujourd'hui, Gorbatchev continue à se justifier. Il est persuadé qu'un coup d'État se serait immédiatement produit au Kremlin s'il avait rompu avec la police politique, parce que « le KGB et le Parti demeuraient les seuls facteurs de stabilisation et de gestion, surtout en province ».

– Il tentait de sourire, mais sa légitimité était désormais plus faible que celle de son rival...

Le 17 juin, une session à huis clos du Parlement soviétique, pendant laquelle le président du KGB lut à voix haute un rapport du KGB au Politburo daté de janvier 1977 dénonçant une stratégie d'ensemble de la CIA visant à infiltrer des agents d'influence et à saboter l'administration soviétique, accéléra les choses.

Quatre jours plus tard, les principaux membres du gouvernement, alliés du KGB, demandèrent aux députés d'accorder au gouvernement les pleins pouvoirs économiques, et cela aux dépens du pouvoir du président.

Le Mouvement des Réformes Démocratiques, officiellement lancé en ce mois de juin à la mairie de Saint-Pétersbourg, appela alors à l'union de toutes les forces antitotalitaires face aux communistes orthodoxes et au KGB.

Se sentant personnellement visé, Gorbatchev ravala sa colère et dit à ses conseillers :

– Je me suis souvent trompé, mais je n'aurais jamais pensé que ces gens-là pourraient faire une chose pareille.

Dieu sait pourtant si les cassandres comme Chevardnadze et Yakovlev l'avaient mis en garde contre les dangers émanant des conservateurs du Parti et du KGB. Mais, hautain, Gorbatchev répliquait :

– Ne vous inquiétez pas, ce sont des médiocres...

Cette fois-ci, néanmoins, il projeta de limoger les fauteurs de troubles, le chef du KGB et le ministre de la Défense, au lendemain de la signature du Traité de l'Union fixée le 20 août 1991. (Ce traité devait établir de nouveaux rapports entre les Républiques de l'URSS.)

Au mois de juillet, Gorbatchev évoqua ce remaniement ministériel au cours d'un dîner bien arrosé en compagnie d'Eltsine. Les généraux chargés de la sécurité n'étant pas loin, ils ne manquèrent pas d'en informer immédiatement la direction du KGB qui en tira la conclusion logique : seul recours, le coup d'État classique...

D'autant qu'Eltsine ne dormait pas sur ses lauriers. Le 20 juillet, il promulgua un oukase interdisant les activités politiques sur les lieux de travail. En clair, le Parti communiste était chassé des entreprises. Le décret fut immédiatement appliqué : bureaux fermés, archives détruites, panneaux d'affichage lacérés.

En tant que porte-parole du Mouvement des Réformes Démocratiques, Fédorovski participa à la réalisation de ce décret, constatant pendant l'été que lui comme les dirigeants du mouvement étaient étroitement surveillés par le KGB. En effet, tous les députés démocrates, tous ceux qui étaient en contact avec l'opposition démocratique furent l'objet de filatures et d'écoutes téléphoniques; journalistes, syndicalistes, militaires et ministres également.

Toutes leurs conversations furent enregistrées par bribes (après la fin du régime les preuves furent trouvées au KGB). Plusieurs dizaines d'agents en civil participèrent à l'opération. Une femme avec une poussette marchait derrière eux, un vétéran de la guerre courbé sur une canne prenait le relais, puis un couple d'amoureux, un aveugle tiré par son chien, une autre femme avec un landau...

En ce mois de juillet 1991, les Fédorovski partirent en vacances à La Grande-Motte, chez leur ami Georges Vladut. Pour le couple qui retrouva sa fille, l'avenir était néanmoins très incertain.

– Je n'oublierai jamais ce qu'il m'a promis, raconte Vladimir. Il m'a dit : « Si on te met en taule ou dans un camp, je m'occupe d'elle, à condition qu'elle m'écoute et qu'elle poursuive ses études. » Anna, présente, acquiesça.

Puis il a ajouté : « Si on vous met une balle dans la tête, je l'adopte. » Lui et Adler, je les porte vraiment dans mon cœur, car nous ne savions vraiment pas comment les choses allaient tourner à Moscou.

– Au cours de ce séjour, raconte Georges Vladut, Vladimir a voulu me parler. Je le sentais préoccupé. Il m'a dit qu'il n'était pas homme à abandonner ceux qui l'ont traité convenablement, mais que Gorbatchev était dans l'impasse. Il a ajouté que si Gorbatchev était très populaire en Occident, il ne l'était pas en URSS et que l'on s'attendait à un putsch à l'occasion de la création d'une fédération à la place de l'URSS. Comme Gorbatchev préparait le congrès du Parti, il fallait qu'il démissionne de son poste de secrétaire général et qu'il quitte le Parti, comme Eltsine, avec panache, s'il voulait être candidat à la présidence.

– Après une longue discussion, poursuit Georges Vladut, j'ai suggéré à Vladimir d'aller avec Yakovlev exposer publiquement le fond de leur pensée. En cas de refus d'accélérer les réformes, ils auraient alors pu dire : « Non, nous ne pouvons plus vous suivre. » Quand Vladimir et Irina quittèrent la maison, ils m'appelèrent de Marseille, où ils devaient prendre leur avion. Là, Vladimir m'a dit textuellement – j'ai une très bonne mémoire – : « Nous avons bien réfléchi, nous pensons que tu as raison. C'est ce que nous allons essayer de faire. » Je ne dis pas que tout cela est sorti uniquement de moi, bien sûr ! Et j'ai entendu quelques jours plus tard, lors d'une conférence de presse internationale à Moscou, Vladimir et Yakovlev dire ça...

À suivre jour après jour ces événements, force est de constater que notre diplomate à la mode engagé dans le combat pour la liberté était « prêt à aller jusqu'au bout ». Mais revenons aux faits.

Au sein du KGB, le colonel Boris correspondait secrètement avec Yakovlev par l'entremise de Fédorovski qui le connaissait bien depuis son séjour en Afrique. La majorité des livres sur le KGB décrivent cet Arménien, parlant un français impeccable, comme un des meilleurs analystes des Renseignements extérieurs, autrefois spécialiste des coups d'État en Afrique. Mais ils oublient de mentionner qu'il était devenu un anticommuniste convaincu... Cet homme qui dansait dans les soirées mondaines était soi-disant journaliste, mais il était en réalité un résident du KGB.

M. Yakovlev m'a raconté comment, le 10 août, à la mairie de Moscou, en présence de Vladimir, il fut informé par cette source que le coup d'État était imminent. (Dès le début du mois de juin il avait écrit à Gorbatchev pour le prévenir qu'un coup de force se fomentait au cœur des services secrets.) À dire vrai, de nombreux signes confirmaient les préparatifs d'un putsch.

Fédorovski n'était d'ailleurs pas le seul à posséder de nombreux indices concernant ces préparatifs. Popov, le maire de Moscou, eut une conversation à ce sujet avec Metlok, l'ambassadeur américain en URSS, et en informa aussi Eltsine.

Par conséquent, tout le monde savait qu'un coup d'État se préparait : Eltsine, Gorbatchev, les Américains... Pourquoi alors ce silence radio? En fait, chacun jouait son propre jeu tout en pensant que dans cette situation embrouillée il pouvait sortir vainqueur au détriment de ses adversaires. Les préparatifs de ce coup de force furent donc marqués par une série de manipulations à double fond.

Le 5 août 1991, le chef de la police secrète reçut le ministre de la Défense, le maréchal Iazov, dans un hôtel du KGB à la sortie de Moscou; un bâtiment discret construit dans un parc de quatre hectares dans les années quatre-vingt. Les dirigeants des services secrets des pays frères y étaient logés pendant leurs séjours en URSS. L'appellation de la résidence était une couverture : ABC ou centre d'archives bibliothécaires.

Le lendemain, tous deux chargèrent leurs hommes de confiance, à savoir Jiline et Yegorov, hauts fonctionnaires du KGB, ainsi que le général Gratchev du ministère de la Défense, de préparer l'état d'urgence.

Quelques jours plus tard, le général Gratchev vendait la mèche à Eltsine, ce qui, après l'échec du putsch, lui valut le poste de ministre de la Défense. D'ailleurs, pendant le mois d'août, Eltsine et la direction du KGB restèrent en contact pour discuter notamment des problèmes de fonctionnement des services secrets de la Fédération de Russie. Leurs conversations se firent par téléphone, grâce à la fameuse *vertouchka,* ce téléphone interne du Kremlin qui assurait la communication entre les dignitaires soviétiques.

Fédorovski reçut de nouveau la confirmation qu'il se préparait « quelque chose d'important » : « Toutes les missions des agents à travers le pays comme à l'étranger sont suspendues. Chacun doit être à son poste. Cela doit arriver d'un jour à l'autre. »

Par ailleurs, il apprit que les goulags avaient été remis en état... Des arrestations massives étaient donc prévues.

Le 16 août, les membres du Mouvement des Réformes furent informés des réunions interminables de la police secrète présidées par Krioutchkov et les autres sommités, pendant lesquelles le chef du KGB annonçait « de grands événements à venir ».

Gorbatchev étant parti en vacances à Foros, en Crimée, les réformateurs n'avaient plus aucun moyen de communiquer avec lui, car le KGB avait fait suspendre la ligne directe d'Alexandre Yakovlev le 3 août. Son bureau au Kremlin s'était transformé en un placard doré. Depuis le départ de Chevardnadze à la fin de l'année 1990, beaucoup d'amis de Vladimir avaient en effet perdu leur influence.

Toujours le 16 août, compte tenu du fait que Gorbatchev restait inactif, Yakovlev décida de frapper un grand coup en envoyant à la presse une lettre ouverte révélant au grand public : « Un groupuscule stalinien influent s'est formé au sein du noyau des dirigeants du Parti et prépare une revanche sociale, un coup d'État, la prise du pouvoir. »

Pendant ce temps, le KGB faisait vider deux étages de cellules de Lefortovo, la plus grande prison moscovite, en vue de recevoir d'éminents prisonniers, et, dans l'éventualité où l'affaire tournerait mal, on prépara un bunker secret au siège du KGB pour le Comité.

Les dés étaient jetés. Avant de décréter l'état d'urgence, les conjurés décidèrent de se réunir une dernière fois, espérant recevoir rapidement des nouvelles de leurs émissaires partis pour Foros. Le rendez-vous fut fixé à seize heures, dans l'enceinte du Kremlin, à quelques centaines de mètres du cabinet officiel du président de l'URSS, au premier étage du bâtiment abritant le bureau de Mikhaïl Gorbatchev, situé au deuxième.

À l'extérieur de l'édifice construit par l'architecte Kazakov sur les ordres de Catherine II, rien n'indiquait qu'un complot se tramait contre le locataire du palais en villégiature. L'ancien Hôtel du Sénat russe venait d'être rafraîchi par les peintres du Kremlin qui avaient redonné leur éclat aux colonnades blanches, et, tout au plus, quelques limousines noires se détachaient sur les murs de couleur ocre. Rien d'anormal.

Le 18 août, alors qu'ils longeaient le mur du Kremlin par le jardin Alexandrovski afin de mener une discussion à l'abri des micros, Yakovlev, Fédorovski et Sobtchak remarquèrent une longue file de voitures entrer dans l'enceinte du palais. Ils ne savaient pas encore que quelques heures auparavant, après une ultime et vaine tentative pour convaincre Gorbatchev de proclamer l'état d'urgence, les conjurés avaient coupé tous ses moyens de communication et l'avaient assigné à résidence.

Les conjurés empruntèrent tous la troisième entrée, celle qui fait face au célèbre canon du tsar, puis passèrent sous le porche en fer forgé, par le *kriltso*, l'entrée habituelle des grands boyards, pour se rendre au « cabinet de travail numéro 49 », le bureau du vice-président Ianaev, jadis occupé – ironie de l'histoire – par Beria, chef de la police secrète de Staline.

Une fois passé ces longs corridors un peu sombres et toujours chargés de mystère, les putschistes se retrouvèrent pour organiser la destitution du président de l'URSS, sans rien trouver à redire à la décoration de leurs cabinets de travail où un portrait de Mikhaïl Gorbatchev trôna toute la nuit au-dessus de la tête des renégats, sans que personne ne pense à le décrocher. C'était de ces « cabinets ministériels » qui incarnent aux yeux des fonctionnaires de tout l'Empire le pouvoir de l'appareil du Kremlin.

Le patron du KGB ouvrit la séance en brossant un tableau alarmiste et totalement faux de la situation qui aurait régné dans la capitale selon les rapports de ses acolytes. « Une insurrection armée se prépare, lança le chef de la police politique. Des insurgés vont encercler les points stratégiques de Moscou. »

Il ne précisait pas qui était à l'origine du soulèvement ; il cherchait simplement à effrayer les indécis. « Des listes de dirigeants du pays ont été saisies et les noms de la plupart de ceux qui se trouvent ici y figurent », affirma-t-il.

Selon les témoignages recueillis après les événements, le chef du KGB alla jusqu'à prétendre que les personnes citées devaient être « exécutées » ainsi que tous les membres de leur famille.

Le vice-président de l'URSS Yanayev fumait cigarette sur cigarette. Il était devenu président de l'Union par intérim (c'était en fait un simple homme de paille), et voilà qu'il se trouvait à la tête d'un comité d'État pour l'état d'urgence de huit hommes, contrôlé par le KGB. Celui-ci faisait peine à voir, et, sous l'effet de l'alcool, il avait l'air de ne rien commander du tout.

Le lendemain, on annonçait que le président était dans l'incapacité d'assumer ses fonctions pour « raisons de santé ».

Les heures fatidiques

– Le 19 août 1991, alors que je dormais, chez moi, à Leningradski Prospekt, curieusement, ma chienne Margocha me réveilla en tournant autour de ma tête. Il était six heures du matin. Quelques instants plus tard, je recevais un coup de fil de Yakovlev m'apprenant que les chars entraient dans Moscou.

Vladimir rejoignit sur-le-champ Yakovlev et Chevardnadze à la mairie de Moscou tandis qu'Irina brûlait les papiers compromettants.

Le coup d'État entrepris par la junte, qui rassemblait les principaux responsables des institutions considérées comme les piliers du système communiste, la Défense, l'Intérieur, le KGB, avec le soutien du courant conservateur de la direction du Parti communiste, dura soixante heures.

Grâce aux archives télévisées, nous pouvons reconstituer en direct la participation de Fédorovski aux événements puisqu'il fut constamment filmé par les télévisions étrangères en tant qu'un des porte-parole de la résistance, notamment avec son ami Ulysse Gosset, à l'époque correspondant de TF1 à Moscou. Il lança un appel mémorable à la résistance sur les ondes de RTL, enregistré par Pierre-Marie Christin.

D'ailleurs, lui qui sera ensuite plutôt critique envers la manière de gouverner de Boris Eltsine, reste persuadé que celui-ci joua un rôle historique en devenant la figure symbolique de la fin du communisme. En montant sur un char et en appelant à la résistance, Eltsine a laissé de lui une image symbolique retransmise par CNN dans le monde entier.

Notons qu'à ce moment-là, François Mitterrand accepta *de facto* le renversement de Gorbatchev, mais que Jacques Chirac se rendit immédiatement à Moscou pour soutenir la démocratie russe. Le président Chirac et Fédorovski passèrent d'ailleurs plusieurs soirées ensemble. Ce dernier garde un souvenir précis de ce moment, soulignant l'importance d'un tel soutien à la liberté des Russes.

Interviewé en direct de Moscou par Patrick Poivre d'Arvor dans le journal de 20 h sur TF1, Vladimir, exprimant la certitude que la liberté allait gagner, s'adressa au président Mitterrand qui avait, rappelons-le, accepté le fait accompli du coup de force : « Pas vous, monsieur le président, qui avez donné tant de leçons sur la démocratie ! Et pas maintenant quand les chars écrasent la démocratie à Moscou ! »

Le 20 août à seize heures, Vladimir retrouva Chevardnadze dans le bureau d'Eltsine à la Maison blanche. Filmé par l'équipe de la 5, au nom du Mouvement des Réformes Démocratiques, il renouvela ses appels au soutien des démocrates. À ce moment, le général Kobets, qui était un des conseillers militaires d'Eltsine, entra dans le bureau du président et déclara : « Nous avons intercepté un message : l'assaut est dans quinze minutes. »

– Par conséquent notre mort certaine, commente Vladimir.

Lorsque j'ai demandé à M. Yakovlev s'il avait eu peur pour sa vie, il m'a répondu sans hésitation :

– Oui, nous avons bel et bien eu la trouille, seul Eltsine ne semblait pas atteint! Il continuait à parler calmement avec des gestes de plus en plus lents. Impressionné, Fédorovski a lancé à son éminence grise de l'époque : «Le président ressemble à un héros de l'Antiquité.» Et Bourboulis (comme souvent les Russes en de telles circonstances *nda*), qui n'avait pas perdu son humour, rétorqua : «Es-tu sûr que le président a bien compris!»

– C'est vrai qu'Eltsine était quelque peu éméché cet après-midi-là... ajoute Vladimir.

Fédorovski et ses amis furent stupéfaits de voir en ce deuxième jour du coup d'État que les «envoyés spéciaux» américains arrivaient sans encombre au siège du Parlement russe, avec un matériel de communication performant, sans même que les militaires d'élite du KGB encerclant ce quartier général des antiputschistes n'aient pu trouver les moyens d'intervenir.

Effectivement, confirme Vladimir, le camp retranché des antiputschistes était seulement protégé par une demi-douzaine de chars et une petite foule totalement désarmée.

Ainsi, cette débandade de la junte précipita la désintégration de l'URSS qu'elle tentait d'entraver.

– Notre victoire, dit Vladimir, fut tout d'abord due à la faiblesse du camp adverse! Et le fiasco de ce coup d'État doit être mis au crédit de la détermination d'un Boris Eltsine fort d'une légitimité conquise au suffrage universel. Les putschistes qui, pour quelques jours, disposèrent de tous les pouvoirs et de toutes les forces armées, ne l'ont même pas appréhendé alors que sa résidence, située près de Moscou, était connue de tous. Ils n'ont pas coupé non plus les liaisons téléphoniques entre Moscou et l'Occident, qui fonctionnaient d'ailleurs nettement mieux qu'à l'ordinaire...

Le 21 août enfin, Gorbatchev fut libéré par les représentants d'Eltsine, et les instigateurs du coup d'État furent arrêtés.

– Le matin du 21 août, me raconta Alexandre Adler, un des plus fins observateurs de ces journées, à six heures, j'ai reçu un coup de fil d'Europe 1 m'annonçant la nouvelle et me demandant une interview... J'ai ensuite embrayé et, évidemment, ces journées extraordinaires ont marqué ma vie. À ce moment-là, qui vois-je à la télévision ? Vladimir à Moscou, sur les barricades avec Eltsine. Ce garçon, qui de prime abord pourrait paraître hâbleur, habile et marrant, était finalement bien courageux, comme le sont les Russes, c'est-à-dire qu'il était capable de prendre une balle dans la tête et de se tenir à ce qu'il avait dit. Là, j'ai été impressionné. Cela a duré deux, trois jours et s'est terminé par un triomphe.

Pour sa part, Vladimir explique simplement l'échec de ce coup de force : pour lui, c'est en refusant de tirer sur la foule que le ministre de la Défense Yazov, vétéran de la guerre, a privé les putschistes du soutien de l'armée, ce qui signifiait que la perestroïka était allée suffisamment loin pour rendre impossible le retour du totalitarisme.

Il serait néanmoins absurde, toujours selon Fédorovski, de penser que le putsch a échoué parce que ses organisateurs manquaient de détermination :

– Ils ont agi comme de vrais professionnels, mais selon les critères de l'ancienne société soviétique. Ils ont tout pris en compte. Ils savaient le peuple « contaminé » par des idées démocratiques et « malsaines »... Ils ont donc fait venir les tanks pour « guérir » le peuple de cette « gale », pour lui faire peur. En outre, ils avaient pris en compte l'existence de nouvelles structures législatives et parlementaires. Les putschistes choisirent donc de simuler la légalité en programmant une session du Soviet suprême, une semaine avant le coup d'État. Logiquement, ils ne pouvaient pas commencer par arrêter les gens et ensuite convoquer le Parlement. Tout le monde s'étonne qu'il n'y ait pas eu d'arrestations le premier jour, mais cela tombe sous le sens!

Le putsch avait échoué, mais, instinctivement, les Moscovites ressentirent le besoin de concrétiser leur victoire; ils voulaient un symbole de leur libération. Alors, spontanément, les Fédorovski, comme des dizaines de milliers de personnes, se rendirent sur la place de la Loubianka, siège de la police politique, qu'aucun Russe ne traversait sans éprouver un frisson ni sans baisser la voix. Stupéfait de ce qui se jouait sous ses yeux, en cette soirée chaude et électrique du 21 août 1991, notre héros regardait tomber, face aux caméras du monde entier, l'immense statue de Feliks Dzerjinski, le sinistre fondateur de la police politique bolchevique, la Tcheka. Pendant ce temps, dans les bureaux, les officiers responsables déchiraient et brûlaient les dossiers les plus compromettants tandis que, sous leurs fenêtres, la foule joyeuse et spontanée, s'amusait.

Des jeunes avaient escaladé la tête du tyran. D'autres avaient gribouillé des graffitis sur les murs gris du bâtiment du KGB, où tant d'innocents avaient péri. Finalement, les autorités russes furent obligées de dépêcher des canons grues pour desceller la statue. À chaque fois que le géant de bronze chancelait sur son socle, la foule euphorique s'exclamait.

– C'était la fin du monstre. La fin d'un système que trois jours plus tôt quelques vieillards aventuristes et dépassés avaient tenté de « sauver »...

Une fois déboulonné, l'homme de la police politique de Lénine fut transporté dans un jardin public des bords de la Moskova avec plusieurs autres statues de l'époque soviétique [1].

Pour Fédorovski, le putsch demeure un moment crucial, car il a démontré que les structures centrales du système qui maintenaient le régime depuis soixante-dix ans avaient pu imploser en quelques heures.

Irina écrivait alors dans son journal : « Je sors de chez moi, la chaussée est défoncée. La cour est mal éclairée, et c'est tant mieux, car, sinon, on verrait les amoncellements d'ordures dans le coin ; dont on sent, hélas, très bien l'odeur. [...] La foule sur le Prospekt, une large avenue avec une bande d'arbre au milieu, est pressée. Très concentrés, les gens marchent sans se voir. Où courent-ils ? Que portent-ils dans leurs grands sacs ? Car chacun porte effectivement un sac. Des pommes de terre qu'ils viennent d'acheter près de la station de métro ? Des salopettes pour leurs gosses, trouvées tout à fait par hasard dans ces immenses magasins aux vitrines vides, où seul le nom rappelle ce qui est censé y être vendu ?

« Un flot de bonheur m'envahit. Suis-je bête ou malade ? Je n'en sais rien. Ce que je sais, c'est que je me sens appartenir à ces gens, je suis des leurs. Je vois les façades délabrées des maisons superbes et je me dis : quel bonheur que le communisme soit fini, car, encore un peu et il ne resterait rien de tous ces immeubles, pas une pierre, pas un souvenir. Maintenant, j'espère que pour chacun de ces bâtiments, il se trouvera quelqu'un pour en prendre soin, les dorloter, les soigner. »

L'agonie de l'Empire soviétique se prolongea quatre mois durant lesquels Gorbatchev ne vit son pouvoir s'exercer que sur une coquille vide. Celui-ci démissionna

---

1. Le jardin de la galerie Tretiakov fut transformé en cimetière des effigies déboulonnées du régime soviétique.

de son poste de président de l'Union soviétique le 25 décembre 1991, dix-sept jours après que les dirigeants russe, ukrainien et biélorusse eurent proclamé : « L'URSS a cessé d'exister. » (Déclaration de Minsk, le 8 décembre.) Eltsine devint le maître absolu du Kremlin. Le 23 décembre 1991, Gorbatchev et Eltsine se rencontrèrent pour régler la passation de pouvoir. Pendant plusieurs heures, le président de l'URSS déchu transmit à son remplaçant les derniers secrets de l'Empire soviétique, y compris les protocoles du pacte signé entre Staline et Hitler en 1940 et les documents concernant l'assassinat par le NKVD des officiers polonais à Katyn en 1940-1941. Le nouveau « tsar » quitta le bureau et arpenta les corridors interminables du Kremlin « du pas lourd du Commandeur ». Gorbatchev resta quelque temps allongé sur un canapé, une larme d'amertume dans les yeux, avant, selon la formule de Vladimir, de « fermer la porte de son bureau pour entrer dans l'histoire ».

Les réformateurs semblaient sortir vainqueurs ; l'histoire paraissait prendre un nouveau départ. Mais ce n'était qu'un mirage.

Le Mouvement des Réformes Démocratiques appela à une authentique « débolchevisation ». En vain. Et le mouvement ne résista pas à l'arrivée de son héraut au pouvoir.

Fédorovski ne fut pas tant blessé par la disparition de ce mouvement que par la tournure des événements.

Au début de l'année 1992, les instigateurs du coup d'État furent tirés de prison où ils attendaient leur jugement et amnistiés. (Leur libération fut sans doute le prix à payer pour une neutralité bienveillante du milieu communiste au moment de la destitution de Gorbatchev.) Et il n'y eut jamais de procès contre le totalitarisme soviétique coupable de crimes contre l'humanité

– vingt-cinq millions de victimes pour l'URSS, selon les statistiques données par la commission présidée par Yakovlev.

Quant à Fédorovski, il assume tranquillement son passé :

– Nous avons tout de même raté la sortie du communisme, dit-il songeur.

Le désenchantement

Une nouvelle époque commença : celle de Boris Eltsine. Elle allait durer huit ans. Sous Eltsine, les frontières de la Russie, à l'exception de la Sibérie conquise plus tardivement, rappellent celles de l'État moscovite du Xe siècle. Mais, dans le même temps, le système de communication, le réseau de gazoducs et d'oléoducs, ainsi que les liens économiques, furent préservés. L'héritage de Staline restait bien en place, même si ses structures politiques avaient disparu.

Après l'échec du putsch de 1991, quelques bons bougres bien pensants crurent que l'influence de la police politique allait disparaître avec la fin de l'Empire soviétique.

Il n'en fut rien. D'ailleurs, comment peut-on sortir en quelques jours, à la fois de soixante-dix ans de communisme et de mille ans d'Histoire ; l'exercice du pouvoir n'ayant jamais reposé sur la loi mais sur la volonté d'un tsar, souvent sous influence, ou sur le système des règles bolcheviques ?

– Ce n'était pas seulement l'histoire communiste de la Russie qui se terminait, c'était aussi la Russie qui n'existait plus. Est-ce que ce fut un cadeau de vivre au moment de ces changements ou une punition ? s'interroge Irina.

Quant à Vladimir, il déchanta peu à peu. En effet, dès le début de son règne, Boris Eltsine renoua avec la tradition de la manipulation politique au détriment de la transparence propre à la démocratie, jonglant habilement avec les prérogatives qu'il s'était offertes. S'étant entouré des « boyards », conseillers influents et concurrents, il joua de leurs oppositions, les renvoyant dos à dos.

À cette époque, se remémorent Vladimir et Irina, les soucis de santé du président le contraignaient à disparaître de la vie publique pratiquement tous les trois mois, et ce durant des périodes de plus en plus longues. Ces fréquents séjours obligeaient la plupart des ministres à faire régulièrement la navette entre Moscou et Sotchi, l'éden de la mer Noire où la vie du « tsar » frôlait la caricature. On lui administrait des cocktails de vitamines concoctés par les médecins du Kremlin, on lui prescrivait des massages magnétiques inspirés des pratiques des guérisseuses caucasiennes, afin qu'il puisse apparaître en public en donnant l'image d'un chef d'État responsable, capable de prendre des décisions et d'imposer clairement sa volonté.

C'était aussi à Sotchi que s'accomplissait le rite des *banyas*, les fameux bains russes qui, depuis l'époque païenne, demeurent une sorte de mythe. Si Raspoutine y appréciait la présence des dames, Eltsine préférait y retrouver ses compagnons, ce qui ne manqua pas, au début, de le rendre sympathique aux yeux de ses compatriotes.

Avant sa maladie cardiaque, le chef du Kremlin en respectait les usages ancestraux : flagellation mutuelle dans la vapeur à l'aide de *berioskas*, des bouquets de branches de bouleau ; bains d'eau glacée suivis de galipettes dans la neige et, pour conclure, une bonne rasade de vodka ou de bière fraîche. Si l'homme de la rue se plaisait à fantasmeɪ sur les rendez-vous galants des *banyas*, les ambitieux et les courtisans se flattaient, eux, d'appartenir à ce club très fermé qu'on nommait le réseau *banya*, et où étaient prises des décisions majeures. Y être invité était le signe d'appartenance au cercle des initiés, avec les avantages qui en résultaient. À partir de 1991, certains compagnons de bain du président connurent ainsi des promotions aussi fulgurantes qu'éphémères. En revanche, ne plus être convié révélait immanquablement la disgrâce. En quatre ans, le favori d'Eltsine, Korjakov, passa du statut de garde du corps à celui de général, chef de sécurité présidentielle, maître d'un véritable cabinet occulte contrôlant toutes les activités du président russe, jusqu'à son limogeage en juin 1996. Il fut alors en mesure d'influencer Eltsine dans des affaires d'État qui dépassaient largement son niveau d'expérience et de compétence, et de peser lourdement sur des décisions essentielles pour le pays.

L'ex-garde du corps devenu une éminence grise ne détenait cependant pas un pouvoir exclusif : si le « tsar » Boris était entouré de toute une coterie, il savait jouer des rivalités de personnes ou de tendances au sein de son entourage. Les Russes utilisaient pour désigner cette coterie le terme de *raspoutinchina*, « raspoutinerie ».

– Ce serait sans doute une erreur de tirer une conclusion hâtive de cet art particulier de gouverner. Dans les souterrains du Kremlin, derrière les trompe-l'œil, on trouve souvent des fresques authentiques, explique Vladimir.

L'omniprésence d'éminences grises d'opérette ne dissimule-t-elle pas celle de forces plus influentes remplissant le vide laissé par la destruction de l'ancien système ?

Le Kremlin était à la fois l'arène où les uns et les autres s'affrontaient, se déchiraient et se recomposaient, mais aussi une vitrine étatique, pour maintenir et projeter l'image d'un pouvoir régulier. Une image que le président se devait d'incarner, quand bien même il fût impotent. Derrière les artifices, le véritable détenteur du pouvoir en Russie était en fait une coalition hétéroclite. On y retrouvait, pêle-mêle, des clans connus, des réseaux d'affaires occultes, les services secrets, des lobbies militaires, bref, un magma politico-financier issu de l'ex-nomenklatura soviétique.

Ces lobbies firent triompher les méthodes traditionnelles. La manipulation et la désinformation, l'amalgame et les raccourcis, la provocation, le chantage et les intrigues byzantines sont toujours là pour se substituer au jeu normal de la démocratie. Cependant, il faut ajouter à ce tableau une autre dimension de taille : une corruption fondée sur des moyens financiers sans précédent.

Pourquoi ces lobbies disposaient-ils de tant d'argent ? D'où venaient ces sommes faramineuses ? Déjà sous Gorbatchev était né un nouveau centre du pouvoir de plus en plus lié à la mafia traditionnelle ainsi qu'aux nouvelles structures criminelles disposant de moyens financiers exceptionnels.

À cette époque, la propriété privée n'existait pas encore et les banques d'État n'accordaient que très peu de mobilité à l'argent. En revanche, les médias s'étaient libérés, la pression du KGB semblait s'être relâchée.

Sur une toile de fond d'insuffisances législatives, l'économie se développa de manière chaotique, laissant une exceptionnelle marge de manœuvre aux structures criminelles en mal de placements efficaces.

Pour Fédorovski, l'ambiance était devenue de nouveau irrespirable. La politique économique contradictoire menée par Gorbatchev avait donné aux « barons rouges » de l'industrie une autonomie jamais atteinte en Union soviétique. Les directeurs des entreprises exportatrices assuraient désormais *de facto* la gestion de leurs ressources en devises.

– Plus de cent milliards de dollars sont partis à l'étranger. Vingt milliards de dollars sont sortis chaque année vers l'Occident durant le règne d'Eltsine! s'exclame Vladimir. (C'est-à-dire entre 1991 et 2000.) Une fuite de capitaux sans précédent dans l'histoire économique mondiale.

Les destins des personnages emblématiques de cette période nous aideront à comprendre le fonctionnement de ce mécanisme économique insolite.

En 1991, un groupe de jeunes économistes proche d'Eltsine préconisa de privatiser toutes les entreprises russes. Les raisons qui poussèrent le gouvernement à s'engager dans un processus aussi radical furent déterminées par la tentative de coup d'État du mois d'août, qui démontra clairement qu'une partie de la classe politique de l'époque refusait les réformes.

De multiples conseillers étrangers, notamment américains, ont également œuvré pour une privatisation totale de l'économie. Pour les réformateurs, le but à atteindre était de provoquer des changements suffisamment profonds pour que tout « retour en arrière » – sous-entendu vers le système communiste – soit techniquement et politiquement impossible. De ce point de vue, la privatisation des années 1992-1994 est une réussite. Mais en pratique, ce processus s'est déroulé dans un cadre d'opacité totale.

« On m'a nommé milliardaire. » Fédorovski s'amuse souvent à répéter cette boutade de l'homme de la rue pour expliquer comment fut organisée la grande braderie des biens nationaux en Russie. Du jour au lendemain, des apparatchiks, anciens ministres et hauts responsables du Parti qui avaient déjà commencé à faire fortune pendant la perestroïka, se déguisèrent en banquiers ou businessmen, devenant propriétaires de secteurs entiers de l'économie. Et cela avec la bénédiction du KGB qui les qualifiait de « milliardaires autorisés ». Trois profils types des acteurs économiques russes ressortent : la nomenklatura reconvertie dans les affaires, les acteurs de la mafia, les nouveaux hommes d'affaires indépendants, ces derniers étant nettement minoritaires [1]. L'opposition communiste et nationaliste venait de gagner les législatives en décembre 1995. Les sondages laissant prévoir une victoire des communistes à la présidentielle de juin, Eltsine semblait perdu. Mais à la conférence de Davos, Berezovski, l'éminence grise et le principal banquier de la famille Eltsine, surnommé le parrain du Kremlin, convainquit les sept autres principaux banquiers russes de miser sur le président sortant. Il suffisait, selon lui, d'une campagne bien menée pour que l'électorat se laisse aller à ses instincts légitimistes.

– Nous pouvons réunir l'argent nécessaire, affirmait Berezovski. Et de toute façon, nous n'avons pas le choix. Nous connaissons Eltsine. Nous savons comment il fonctionne. Les autres candidats libéraux ne passeront jamais. Reste le communiste. Vous le voulez ?

L'argument porta ses fruits. Quelque cent quarante millions de dollars furent réunis entre mars et juin 1996, soit en espèces, soit sous forme d'une aide « indirecte », notamment en mobilisant les médias.

---

1. 15 à 20 %, selon les sondages menés par le professeur Levada, qui tôt ou tard seraient obligés de passer sous le contrôle des deux premiers (respectivement 40-45 % et 35-40 %). Selon les estimations du vice-président du comité pour la sécurité de la Douma, chambre basse du Parlement russe, Alexandre Koulikov, 40 % des entreprises privées et jusqu'à 60 % des entreprises d'État, ainsi que plus de 50 % des banques en Russie, étaient contrôlées par les groupes criminels.

Eltsine fut réélu avec 35 % des voix au premier tour, 53,8 % au second. Bien entendu, ce soutien fut royalement récompensé. Une dizaine d'oligarques eurent le droit d'acquérir des actions des entreprises privatisées sous-évaluées pour un milliard de dollars.

À cette époque, Natalia Petrovna, la mère de Vladimir, m'avoua en laissant choir ses mains noueuses sur sa jupe :

– Cet ami de Vladimir, Gorbatchev, nous a traînés aux gémonies; Eltsine a fait triompher la corruption. Avant, chacun pouvait travailler...

En cette année 1997, alors qu'en France une grève monstre avait paralysé notre beau pays (sic) au mois de décembre, je fus effectivement choquée de voir à Moscou comme à Saint-Pétersbourg des files de gens, surtout âgés, proposer à la sauvette des choses dérisoires telles qu'un brin de persil, une balle, des boutons. J'avais également parlé avec une jeune femme dans le métro qui m'avait raconté que son mari, militaire, n'avait pas reçu sa solde depuis plusieurs mois...

Le grand chambardement

Dans cette ambiance de corruption totale, Fédorovski n'avait plus sa place : il était effectivement « l'homme de trop ».

Une troisième vie allait commencer.

– Vladimir, explique Alexandre Adler, s'était rapproché de Chevardnadze et était ami avec Alexandre Yakovlev, c'est-à-dire avec l'aile la plus libérale et la plus résolue des alliés de Gorbatchev. Ces gens-là, évidemment, sont tombés dans une blague historique, parce qu'ils étaient détestés des vieux communistes qui les considéraient comme les vrais responsables de la chute de l'Union soviétique. Ils n'étaient pas non plus très bien vus des gens d'Eltsine qui étaient, eux, décidés à faire place nette pour leur patron, ni des réseaux qui n'allaient pas tarder à mettre la main sur les richesses du pays. Alors que les hommes de Gorbatchev, Yakovlev, etc., étaient des gens profondément honnêtes et idéalistes, et les affaires de fric ne les intéressaient pas. Yakovlev a fini par faire la paix avec Eltsine parce que c'était un personnage unanimement respecté. Finalement, tout cela était le coucher de soleil de la perestroïka. Vladimir l'a senti beaucoup mieux que d'autres et avait beaucoup d'inimitié pour les gens d'Eltsine, bien qu'il se soit battu à leurs côtés. Aussi me fit-il part de sa résolution de rester en France et de trouver le moyen de gagner sa vie en écrivant des livres. Il avait déjà beaucoup d'amis dans la presse et suscitait de la sympathie. On lui fit donc bon accueil, mais là encore, c'est Pavel Lounguine (célèbre cinéaste et palme d'or au festival de Cannes, *nda*) qui le dit, et je crois qu'il a parfaitement raison : peu de gens ont eu ce courage. Les uns ont essayé de trouver des positions universitaires, des aides des universités occidentales, d'autres ont essayé de garder quand même une attache avec le régime et l'appareil d'État russe et, après tout, personne n'aurait été l'ennuyer s'il avait un peu plié le genou devant Eltsine. Mais ce n'est pas ce que Vladimir a fait ; il s'est jeté à la mer, comme disent les Chinois ; en France, dans ce pays qu'il adorait bien sûr, mais sans aucune garantie de pouvoir faire son trou. Et finalement, il y est arrivé en écrivant ses livres. Alors c'est vraiment un cas de courage et d'idéalisme comme nous n'en voyons pas tellement. Je voudrais quand même revenir sur la question de l'espionnage, ajoute-t-il, parce que bien entendu vous aurez beaucoup de gens soi-disant au courant qui vont vous dire que les ambassades soviétiques à l'étranger étaient truffées d'agents du KGB. Il y avait aussi des officiers des renseignements français qui étaient dans les ambassades avec une couverture de conseillers commerciaux, les Américains en avaient un peu plus encore, mais c'est une question de quantité, c'est-à-dire que les Russes en avaient énormément. Donc il n'est pas absurde de considérer qu'un diplomate, dans une ambassade soviétique, a des chances d'avoir été ou d'être encore un officier du KGB. Mais ils ne le sont pas tous quand même, il y a aussi des diplomates professionnels. Or, d'une part, tout ce qu'a pu faire Vladimir depuis le moment où il est arrivé en France pour représenter le courant de Gorbatchev, était sans rapport avec le renseignement. Il n'était pas là pour espionner les gens, mais pour défendre dans l'opinion française et parmi les faiseurs d'opinion l'idée que quelque chose de nouveau se passait en Russie. Et il faut bien se remettre dans le climat de l'époque, on était sceptique sur toute chose venant de Russie. Moi qui disais que Gorbatchev apportait tout de même un grand changement, j'étais considéré comme un naïf, voire même un agent soviétique! En tout état de cause, une chose dont je suis certain, c'est qu'il n'eut aucune activité de renseignement. Et je vais vous dire pourquoi il n'était pas espion :

Premièrement, il a commencé par faire des études très sérieuses notamment d'arabe (il est très doué pour les langues) et le parle parfaitement. Vous me direz justement, c'est plutôt KGB. Oui, mais non. Très jeune, j'avais écrit sur le maréchal Ogarkov, le chef d'état-major général de l'armée soviétique. Ogarkov, militaire remarquable, était un proche de l'ancien chef du KGB Iouri Andropov. Et à la deuxième ou troisième de nos rencontres, Vladimir me dit :

« Je suis d'accord avec toi, Ogarkov est quelqu'un de très impressionnant.

– Ah bon, dis-je, mais tu le connais?

– Oui, dit-il. Quand il est allé en Lybie, c'est moi qui étais son interprète en langue arabe. »

Il faut comprendre la valeur de cette confidence : il y a en Russie, organisée par Staline depuis le début, une rivalité permanente entre l'armée et le KGB. Les deux se surveillent comme chien et chat et, en particulier, il existe un renseignement militaire, le GRU, qui est en permanence en bisbille avec le KGB. Par conséquent, le chef d'état-major de l'armée soviétique n'aurait jamais pris un interprète du KGB pour l'accompagner, au risque de voir un rapport sur tous ses mouvements sur un bureau du KGB. Il aurait pris un interprète du GRU ou tout simplement un civil, ce qui fut le cas. Vladimir avait étudié l'arabe pour devenir diplomate. Et il faisait partie des 40 % du personnel des ambassades qui étaient de vrais diplomates.

Le deuxième aspect, c'est que Vladimir a été pendant des années protégé par Tchervonenko, un personnage important qui avait été ambassadeur à Paris, puis patron de ce qu'on appelait à l'époque la section des cadres à l'étranger. Dans ce département du Parti très très sensible, il examinait toutes les biographies des gens et décidait de les envoyer à l'étranger – ce qui était la chose la plus convoitée en Union soviétique. Donc, depuis le pianiste de concert à l'ingénieur des mines jusqu'aux diplomates et aux officiers du KGB, tous les citoyens soviétiques qui étaient autorisés à quitter le territoire étaient supervisés par cette section. Or, Vladimir y a travaillé et ce département était justement non KGB. C'était un département du Parti qui contrôlait lui-même le KGB. Jamais Vladimir n'aurait été en bons termes avec cet homme s'il avait appartenu au KGB.

Troisième point, son père et son oncle furent tous deux des héros de l'Union soviétique. Voici un autre point qu'il faut connaître au sujet de l'Union soviétique. À moins que Vladimir ait eu une furieuse envie d'entrer au KGB, ce qu'il n'a pas fait, le simple fait qu'il appartienne à « l'aristocratie » militaire et du Parti le dispensait de cela. Après, il y a aussi le fait qu'il ait demandé la nationalité française, qui lui a été accordée. La DST, qui a évidemment enquêté sur son passé, aurait mis un veto si cela avait été le cas. Puis, compte tenu de ce qu'a été la Russie à partir de 1990, c'est-à-dire une passoire – tout fuyait –, cela aurait été connu. En plus, fin 1991, un certain

Ochenko est allé se rendre aux Anglais et nous avons tout su des secrets de l'ambassade. Ochenko a donné tous les noms et, bien entendu, Vladimir ne figurait pas parmi eux. Et enfin, n'oublions pas que ses deux véritables mentors furent d'abord ce diplomate chevronné, Chvedov, puis l'idéologue de la perestroïka, Yakovlev, et comme par hasard tous les deux furent haïs par le KGB.

La génération de Vladimir et d'Irina est ambiguë, avec le souvenir, transmis par les grands-parents, d'un autre monde, une génération qui se cherche. Ainsi s'est-il cherché, mais bien, c'est-à-dire qu'il a toujours été quelqu'un de courageux et de très honnête, j'en suis convaincu. Et il s'est trouvé. Il a une personnalité extravertie et se met volontiers en scène comme un physique, un marrant, qui fait son chemin comme ça, mais en réalité quand ça chauffe vraiment, eh bien, c'est quelqu'un de très courageux et qui n'est absolument pas opportuniste.

Il ne faut pas croire que ce fut aisé de revenir à Paris. Car enfin, c'est bien connu, tant que vous tenez le haut du pavé, les portes s'ouvrent. Et « pour que tout ne soit pas miel », il a donc fallu encore bien du courage et de la volonté à Vladimir pour s'imposer en France.

Depuis, il a publié vingt livres rédigés en français et traduits dans vingt-deux pays. Il a reçu neuf prix littéraires dont le prix du meilleur document de l'année, le prix Louis-Pauwels et dernièrement le prix André Castelot. Il dirige actuellement deux collections aux Éditions du Rocher, « Le roman des lieux et destins magiques » et « Un nouveau regard ».

Tout un pan de sa vie est lié à la Normandie puisqu'il a été élu à l'Académie de Caen, à la suite du président Senghor, pour sa contribution à la francophonie, et a été conseiller du Mémorial de Caen pour la guerre froide.

Tout en se plongeant dans l'Histoire, Fédorovski ne dédaigne pas l'actualité. Il ose par exemple comparer Poutine à Staline dans son dernier livre *Le Fantôme de Staline*.

Si à la fin de l'année 2007 est célébré en Russie le quatre-vingt-dixième anniversaire de la révolution d'Octobre, deux événements resteront occultés : la grande terreur de 1937, et la parution en 1957, en Italie, du roman de Boris Pasternak interdit en Union soviétique, *Le Docteur Jivago*. L'année suivante, Pasternak était empêché de recevoir le prix Nobel de littérature à Stockholm, tandis que les agents du KGB apostrophaient Olga, sa jeune amie de cœur : « Mais enfin, camarade, qu'est-ce que tu peux bien trouver à ce vieux Juif ? »

– Étrange pays que notre Russie postcommuniste, souligne Vladimir, qui fête la révolution d'Octobre en oubliant l'un de ses plus grands combattants pour la liberté. Sa capitale est devenue symbole de dynamisme, de modernité, de pouvoir financier, elle est aujourd'hui sillonnée par plus de Rolls-Royce que nulle part au monde. La croissance annuelle s'élève à 7 %. Or, parallèlement, la Russie n'en finit pas de souffrir de la crise diplomatique et morale symbolisée ces derniers mois par l'affaire Litvinenko. Face au monde, le maître du Kremlin a été lui-même éclaboussé. Que s'est-il réellement passé au bar de l'hôtel Millenium à Londres, le 1er novembre 2006, lors de la rencontre de l'ex-agent secret russe Alexandre Litvinenko avec l'un de ses anciens collègues du KGB, Andreï Lougovoï ? Litvinenko est mort le 23 novembre, après une atroce agonie, victime d'un empoisonnement au polonium 210. Scotland Yard a rapidement laissé entendre que l'empoisonnement avait été « parrainé par un État et orchestré par les services de sécurité russes », expliquant à la veuve de Litvinenko que le scénario était clair, mais qu'il n'y avait pas d'autre choix que de refermer le dossier dès lors qu'on ne pouvait obtenir l'extradition des suspects.

Selon Fédorovski, cette rocambolesque affaire a fait resurgir à travers le monde le fantôme de la peur, base principale du fonctionnement stalinien. Elle a entaché d'une manière dramatique l'image de marque du président Poutine à l'étranger, cependant qu'en Russie il gardait toute sa popularité.

Mais pourquoi les Russes demeurent-ils alors attachés à leur nouveau « tsar » ?

– Parce qu'il s'adresse à l'inconscient collectif issu de la Russie impériale, tout entière marquée par l'image du château assiégé : « Puisque nous ne serons jamais aimés, nous devons recommencer à faire peur. Nos dix mille têtes nucléaires n'existant plus, aujourd'hui, nos seuls amis, alliés et armes principales sont le gaz et le pétrole. »

Au fil des années ont réapparu les mœurs staliniennes : sanglant assassinat d'Anna Politkovskaïa à l'automne 2006, internements forcés d'opposants en hôpital psychiatrique lors d'élections locales [1]. Les observateurs les plus indulgents considéreront que cela relève davantage du zèle de petits fonctionnaires que d'une pratique incitée par le Kremlin, mais Fédorovski déclare :

– Le propre de la terreur n'est-il pas de régner sur les esprits sans formulation explicite ? Culturellement, l'esthétique stalinienne est réhabilitée. Rétrospectives d'art, création de musées à la gloire du Tsar Rouge. Plus *vintage* que jamais, les jeunes femmes assument leur nostalgie en arborant le foulard de Staline. Le choix de

---

1. Durant l'été 2007 encore, Larissa Arap – journaliste, fidèle de Garry Kasparov – s'est retrouvée en cellule psychiatrique pour « une forme de névrose ».

Sotchi, sur la mer Noire, pour les Jeux olympiques d'hiver de 2014, est non moins symbolique. C'est de là que Staline en villégiature gouvernait l'Union soviétique. Nombre de purges y furent planifiées et ordonnées. Pourquoi un tel retour ? Parce que Staline incarne une grandeur perdue et que, loin d'être la médiocre brute que l'on a décrite, il fut sans doute, après Catherine II, l'un des plus brillants esprits politiques de la Russie, personnage hors normes, digne de Shakespeare, esprit du mal qui fit bien plus de victimes qu'Adolf Hitler. D'où l'amnésie collective encouragée par Vladimir Poutine. Dans cette perspective, tout est prêt pour mars 2008. La réhabilitation impériale, le retour du KGB et le verrouillage des circuits décisionnaires – il y a du James Bond revisité chez Poutine, ainsi qu'un goût pour les organisations façon Spectre – lui ont assuré un rôle indispensable dans un système dont il restera pour longtemps le personnage clef. Quelles que soient ses nouvelles fonctions, président du club national de bridge, comme Deng Xiaoping pour la Chine, ou du Comité d'organisation des Jeux olympiques de Sotchi, Poutine demeurera en tout état de cause le « président technique »... Dmitri Medvedev, lui, version libérale du « poutinisme », cumule sa fonction de vice-Premier ministre avec celle de président du conseil d'administration de Gazprom. Medvedev préside le géant Gazprom, une entreprise d'État, un Empire de trois cent cinquante mille personnes, qui vient d'acheter deux grandes télévisions, des radios, des journaux et la première banque du pays.

Plus que jamais, l'histoire est pour Vladimir le sésame qui permet d'appréhender les aspects les plus déroutants d'une Russie semblant vouloir entrer à reculons dans le nouveau millénaire. Elle pèse même de tout son poids, incompressible comme ces statues déboulonnées de

Lénine qu'il avait jadis fait parvenir au sculpteur César. Après le putsch de 1991, Bernard-Henri Lévy et Georges-Marc Benamou avaient en effet demandé à Fédorovski d'en envoyer quelques-unes au sculpteur pour qu'il les travaille à sa manière, mais François Mitterrand s'y opposa. C'est ainsi que ces bronzes gisent toujours, intacts, dans un atelier de Normandie. Selon la formule de feu son ami César, « l'histoire s'est révélée incompressible » ; et le fantôme de Staline plane encore sur la Russie.

Si Vladimir déclare simplement : « On attendait la fin de l'histoire mais c'est une histoire sans fin », François Cérésa rappelait dans *Le Figaro Madame* :

« Ne vous méprenez pas sur Vladimir Fédorovski. Sa bonhomie de boyard infusé dans la vodka rose est trompeuse. Personne n'est plus sérieux que lui. Il connaît la "douleur du partir", comme disait Aragon. Et la douleur tout court. Ce docteur en histoire, proche de Gorbatchev et qui enseigne à HEC, est plutôt d'allure romane. En fait, il est romanesque. Dans son dernier livre sur Staline et sur ce Poutine digne d'incarner l'un des dirigeants du Spectre dans James Bond, il fête à sa façon le cinquantième anniversaire de la sortie du *Docteur Jivago*, ainsi que le prix Nobel de Boris Pasternak. En quelques pages filantes, aussi jolies que le son de la balalaïka, il évoque Lara. La chanson nous revient aux oreilles. La vraie Lara, elle, s'appelait Olga, aimait Pasternak à la folie et passa huit ans au goulag. Le KGB ne la lâchait pas. Lorsqu'elle fut libérée, elle vit le *Docteur Jivago* au cinéma et déclara qu'elle était beaucoup plus belle que l'actrice incarnant Lara [...]. »

Décidément, ces Slaves ont du panache, est-ce par hasard que Vladimir Fédorovski sorte à l'automne 2008 son nouveau livre sous le titre, ô combien symbolique, *Le Roman de l'âme slave*...

Annexe 1

Le chiffre trois a toujours escorté Vladimir Fédorovski. Ses ouvrages consacrés à la Russie éternelle – *Le Roman de Saint-Pétersbourg, Le Roman du Kremlin* et *Le Roman de la Russie insolite* –, celle qu'il affectionne, celle qui vient du fond des âges, forment en effet une trilogie. Dans *Le Roman de la Russie insolite*, trois femmes lui ont servi de guide. Ce livre évoque aussi la Russie sous trois aspects dont l'un nous conduit sur les chemins sinueux de la spiritualité russe. Là où, finalement, tout commence. N'oublions pas que, chez les Russes, les fols en Christ peuvent devenir tsars, comme les puissants empereurs se muer en ermites dans les neiges sibériennes. Et, sans l'histoire de la conversion de la Russie et l'harmonie mystérieuse des icônes d'Andreï Roublev (v. 1360-1427 ou 1430), nous n'aurions pu entrer dans le monde des trois plus grands écrivains spirituels du XIXe siècle : Gogol (1809-1852), Dostoïevski (1821-1881) et Tolstoï (1828-1910).

La spiritualité qui transparaît dans l'œuvre de ces hommes pourrait se comparer à celle que nous percevons chez tous les musiciens qui ont écrit un requiem : sans spiritualité, point de requiem...

Annexe 2

Dimitri IV Donskoï, saint Dimitri Donskoï, fils d'Ivan II, né à Moscou le 12 octobre 1350, fut grand-prince de Moscou de 1333 à 1389. Il se fit céder la couronne par Dimitri III Constantinovitch, puis épousa sa fille Eudoxie le 18 janvier 1367. Après l'époque de la longue et implacable domination tartare qui avait réduit la Russie à un état lamentable, Dimitri rénova le royaume et l'Église, préparant ainsi l'émancipation du joug mongol. Il fut aidé par saint Serge de Radonège et saint Théodore de Rostov. Ainsi réunifia-t-il les principautés russes de Souzdal, de Riazan et de Tver, affronta les Tatares et les Lituaniens, puis vainquit la Horde d'Or dans la plaine de Koulikovo. Cette victoire marqua le réveil spirituel et national du peuple russe. En 1362 le prince de Moscou Dimitri Donskoï réunit les différentes principautés de la région au sein d'un État souverain. Dimitri Donskoï mourut à Moscou le 19 mai 1389. Il fut inhumé à la cathédrale Arkangelski. De son union avec Eudoxie de Souzdal, morte le 7 juin 1427, il laissa douze enfants dont :
- Vassili Ier de Russie, grand-prince ;
- Georges IV de Russie, grand-prince ;
- André, prince de Mojeisk mort en 1432 ;
- Pierre, prince de Dimitrov, mort en 1438 ;
- Constantin, prince d'Ouglitch, mort en 1433.

Annexe 3

Orel (prononcé en russe « Ariol ») est une ville de l'ouest de la Russie. Elle fut fondée comme une petite forteresse en 1566 au confluent des rivières Oka et Orlik, sur l'ordre du tsar Ivan IV. Elle devait défendre les frontières du sud de la Russie contre les invasions nomades. La forteresse était en bois et brûla plusieurs fois. Selon la légende, lorsque les bâtisseurs de la forteresse, des soldats et des paysans, commencèrent leur travail, un aigle prit son envol du sommet d'un vieux chêne et monta très haut dans le ciel. Ainsi la ville reçut-elle le nom d'Orel, qui signifie en russe « aigle ». Sur les armoiries d'Orel sont représentées l'aigle et la forteresse.

En 1615, les troupes russes commandées par Dmitri Pojarski écrasèrent devant Orel les interventionnistes polonais. Pendant la guerre civile, les troupes du général Denikine y subirent une défaite écrasante.

Le 5 août 1943, l'armée soviétique libéra Orel des forces hitlériennes. Aujourd'hui, l'endroit où la rivière Orlik se jette dans le fleuve Oka est orné par un obélisque où sont gravées les dates des événements historiques des quatre siècles d'existence d'Orel.

La plus ancienne église de la ville, construite en 1640, s'appelle l'église de l'Épiphanie, rappelant la manifestation de l'Esprit saint et le baptême de Jésus-Christ. Une petite chapelle fut édifiée à côté de l'église en 1998. À l'intérieur se trouve une source miraculeuse.

Annexe 4

Le début du XVIIe siècle vit l'éclosion des premiers établissements d'éducation secondaire : écoles, séminaires et gymnases. C'est en 1755 qu'eut lieu la fondation de l'université de Moscou. Deux gymnases furent créés et placés sous la tutelle de l'université. Vers la fin du XVIIIe siècle, l'enseignement gymnasial des langues anciennes atteignit un bon niveau. Dmitri Tolstoï, ministre de l'Éducation nationale, amorça une réforme des gymnases. Il définit le but principal de l'éducation gymnasiale : une formation générale et une préparation aux études universitaires. Ainsi, une place prépondérante fut réservée à l'étude des langues anciennes dans les gymnases. La réforme de l'enseignement des langues classiques a été favorablement influencée par les progrès et le développement général des études anciennes. Le rapprochement de la philologie classique avec la linguistique générale, initié par Georg Curtius, a trouvé un fort soutien en Russie. La *Griechische Schulgrammatik* de Curtius, traduite en russe, devint le manuel gymnasial le plus répandu en Russie au XIXe siècle.

L'épanouissement des études classiques en Russie au début du XXe siècle était étroitement lié à une renaissance des arts et de la littérature, connue sous le nom d'Âge d'argent. Leader incontesté du symbolisme russe, Viatcheslav Ivanov, poète, critique littéraire et philosophe religieux était également philologue classique. Il a fait ses études en Allemagne où Theodor Mommsen était son directeur de thèse.

Après la chute de l'Empire du tsar, le sort du gymnase classique fut une fois pour toutes réglé par le nouveau régime. Dès lors, on n'étudia plus ni le grec ni le latin à l'école. On observa toutefois un certain revirement lorsque, après la Seconde Guerre mondiale, Staline décida de réintégrer l'étude du latin au cursus scolaire. Pour cela, il fit publier à la fin des années quarante quelques textes latins commentés : César, Cicéron, Ovide. Mais ce projet de réintroduction du latin ne s'est pas concrétisé dans les classes. On peut supposer que le nombre de professeurs capables d'enseigner le latin n'était tout simplement pas suffisant pour toutes les écoles de l'Empire soviétique.

Depuis la perestroïka, l'enseignement du grec et du latin a été réintroduit dans quelques écoles secondaires. Le niveau de l'enseignement des langues anciennes est assez variable d'un établissement à l'autre. Deux des meilleurs gymnases classiques se trouvent à Moscou. Le troisième, le Gymnasium Classicum Petropolitanum, dont la qualité de l'enseignement est remarquable, se trouve à Saint-Pétersbourg où la proportion des cours correspond à peu près à celle d'un gymnase prérévolutionnaire.

Quelques articles de presse

ALEXANDRE YAKOVLEV
Le Figaro, *23 avril 1996, à propos du livre de*
Fédorovski Le Département du diable *(éditions Plon).*

« Ne pas prévoir, c'est déjà gémir [1]. »
La publication de ce livre me donne la possibilité de
vous livrer mes états d'âme, chose, somme toute, inhabi-
tuelle pour un vieux routier du monde politique. D'ailleurs, l'auteur lui-même ne nous a-t-il pas habitués à des
gestes inattendus ?

Diplomate de haut rang, il a été l'un des premiers à
rompre avec les habitudes prudentes de cette caste, pour
s'engager dans la démarche de la perestroïka. Depuis
1985, on se souvient de son visage à la télévision française ou américaine, associé au vent des changements qui
animaient notre pays. Quand Gorbatchev fit marche
arrière, Fédorovski n'hésita pas à quitter la « arrière »
pour participer à la création du Mouvement des Réformes Démocratiques. Je l'ai vu à l'œuvre lorsqu'il fut le
porte-parole de ce mouvement, dans les jours fatidiques

---

1. La phrase est empruntée à Léonard de Vinci.

de la résistance au putsch paléo-communiste de Moscou, en août 1991. Il aurait pu alors revenir à la diplomatie, mais il a préféré choisir les chemins ô combien aléatoires et sans doute plus passionnants du « franc-parler », en embrassant une triple carrière d'écrivain, d'éditorialiste international et d'universitaire.

Heureusement, le courage est parfois récompensé. Avec son nouveau livre, il persiste et signe en réunissant ses dons de conteur, d'analyste politique et d'historien, rigoureux dénicheur d'archives inédites. Cette fois-ci, il analyse une page occulte et souvent occultée de l'histoire. Cet ouvrage est à triple fond, ce qui nous oblige à en considérer les différentes facettes. Tout d'abord, les histoires en elles-mêmes sont passionnantes et rédigées avec aisance. Ce style allègre rend les personnages plus palpables encore que dans un film. Des figures inattendues défilent devant nos yeux. Les tsars mystiques, les Raspoutine d'hier et d'aujourd'hui, dans les vapeurs des bains et le fameux *Département du diable*, qui jette un regard de plomb sur tout ce qu'il y a d'occulte.

Nous voyons Ivan le Terrible dans les souterrains du Kremlin, entouré de devins et d'astrologues. Les faux tsars faisant de leur imposture la gageure de leur vie, à travers leurs coups de foudre ; Alexandre Ier, le tsar le plus aimé d'Europe, hésitant entre son destin de vainqueur de Napoléon et sa fuite dans la Sibérie profonde. Est-il réellement devenu Feodor Kouzmich ? Nous le voyons dans les splendeurs des palais de Saint-Pétersbourg ou au palais de l'Élysée discuter des prédictions pour l'an 2000, avec son égérie mystique, la baronne de Krüdener, qui eut, rappelons-le, une influence décisive sur la rédaction du traité de la Sainte Alliance. Nous pénétrons dans l'âme secrète de l'homme russe avec le grand Tolstoï, torturé par une attirance irrésistible vers la femme, qu'il considérait pourtant comme le diable ; Gogol, le mystique par excellence, ou encore Mme Blavatski, égérie occulte d'Einstein ou du Mahatma Gandhi, lançant la théosophie ; ou encore un grand mythe de l'histoire : Raspoutine. L'auteur essaie d'avoir un regard froid et désengagé face à ce personnage. Les prédictions de Raspoutine pour la fin du siècle publiées dans le livre éclairent ce monde invisible où les fantômes du passé vous saisissent à la gorge. Les forces obscures sont toujours aux aguets derrière le décor insolite qui nous entoure.

Rapports ambigus

Ce livre illustre combien ce permanent tiraillement nous oblige à faire les choix essentiels. Les masques se suivent dans ce que Dostoïevski appelait autrefois un vaudeville diabolique, pour confirmer que, dans l'histoire de la Russie, et peut-être même dans l'histoire du monde, il existe une étrange répétitivité. Nous autres Russes, nous voyons sous les grimaces d'Ivan le Terrible se profiler les moustaches et la férocité d'un certain Joseph Staline. C'est pour cela que les clés historiques et culturelles proposées par Vladimir Fédorovski sont inévitables, pour déchiffrer non seulement le passé mais aussi l'avenir, en cette époque charnière qui, comme dit l'auteur, « mène au plus insolite des chemins. Celui qui, entre opéra bouffe et tragédie, mène soit à Dieu, soit au diable ». Dans la perspective des élections en Russie, en juin prochain, ces pages donnent un éclairage nouveau à cette marche dans les sables mouvants de la Russie actuelle.

Au-delà des histoires passionnantes et des anecdotes, ce livre me touche particulièrement pour sa démarche de réflexion à propos du système totalitaire créé par Lénine, Trotski et Staline.

Qu'y a-t-il de commun, en effet, entre le bolchevisme et

les forces occultes ? Rien, à première vue. Pourtant, l'auteur va plus loin et regarde en profondeur pour déceler les rapports ambigus qui existaient entre les bolcheviques et l'occulte. D'ailleurs, déjà à l'époque du coup d'État bolchevique, de pertinents observateurs ont préféré regarder Octobre 1917 à travers le miroir du mysticisme. Le grand poète Alexandre Blok, dans son poème *Les Douze,* dépeignit la révolution avec Jésus à sa tête. Nicolas Berdiaev y vit, lui, une évanescence des pratiques de la secte Khlisty.

La pensée de l'auteur va encore plus loin pour déceler l'attitude de Staline, qui, tout en demeurant fidèle aux préceptes de Lénine, voulut consciemment exploiter les superstitions du peuple.

Qu'était-ce d'autre qu'une sorte de néoreligion ? Ou, comme dit l'auteur, une « religion païenne » ou une « idolâtrie diabolique » ? C'est non seulement pour l'art de l'intrigue, mais aussi pour cette raison que Staline, pragmatique, sous le prétexte de la construction du socialisme dans son pays, instaura une idolâtrie à son effigie. Il est passionnant de découvrir dans ces lignes comment fonctionnaient les symboles de cette religion : « Lénine étant le dieu mort, Staline devenait le dieu vivant. » Ce dernier avait sa propre inquisition – OGPU et NKVD, au sein duquel il y avait ce que l'auteur appelle le « département du diable », ou « 13ᵉ » département du NKVD, s'occupant de tout ce qui concernait la religion et les forces occultes. En effet, les services spéciaux soviétiques répertoriaient non seulement les ecclésiastiques, mais aussi tous les hommes et les femmes dotés de dons paranormaux. Ce livre pose pour nous un problème tout à fait immédiat.

Aujourd'hui, les bolcheviques se sont transformés en patriotes nationaux et, comble de cynisme, ces gens-là sont devenus adorateurs de la chrétienté orthodoxe.

Adresse à Eltsine
Pourtant le bolchevisme, cette néoreligion diabolique du xxe siècle, ne pourra pas fuir ses responsabilités dans le coup d'État violent et illicite de 1917.

Le bolchevisme ne pourra pas fuir sa responsabilité dans la création de la dictature où périrent soixante millions de personnes.

Le bolchevisme ne pourra pas fuir sa responsabilité dans l'organisation de camps de concentration, dans la persécution des enfants otages et dans l'utilisation de gaz mortels contre les civils.

Le bolchevisme ne pourra pas fuir sa responsabilité dans le complot d'août 1991 qui provoqua une destruction désordonnée de l'État et les souffrances inimaginables du peuple.

Le bolchevisme ne pourra pas fuir sa responsabilité dans le fait qu'aujourd'hui il continue à s'accrocher à des idées criminelles de violence, de lutte des classes, de dictature du prolétariat et de négation de la société civile et de la famille.

C'est pour tout cela que, malgré le contexte électoral, je m'adresse au président de la Russie, Boris Eltsine, au gouvernement et au procureur général. Je leur demande d'ouvrir un véritable procès contre l'idéologie bolchevicofasciste.

Entendons-nous bien. Je n'appelle pas à la chasse aux sorcières, mais à l'application des lois en Russie. Nous devons créer le livre « brun » des crimes du bolchevisme.

Aujourd'hui, la mémoire des millions de victimes nous apostrophe pour mener des actions les plus résolues. Vous allez me dire que chacun de nous peut faire un *mea culpa*. Je n'appelle pas pour autant à tomber à genoux, mais à regarder droit dans le miroir de l'histoire, dans le miroir de sa propre conscience et à s'inspirer de l'esprit de l'humanité.

Autrement, le bolchevisme nous prendra tous au collet : nous en Russie et vous en Occident, comme autrefois, tels des lapins pris au piège. Dans ce contexte, l'hésitation est synonyme de mort.

JEAN-LOUIS SERVAN-SCHREIBER
Le Figaro, *9 octobre 1997, à propos de* Deux Sœurs
(éditions J.-C. Lattès).

Cet automne, notre désir de lire le roman russe était pleinement satisfait. Nous le devons à Vladimir Fédorovski qui, après le succès de *Département du diable* et des *Égéries russes,* vient de publier chez Lattès *Les Deux Sœurs ou l'Art d'aimer.* Vladimir Fédorovski est un homme du monde, pas dans le sens mondain, mais comme un *« man of the world ».* Il a ce don d'être partout chez lui parce qu'il a tout compris en quelques clins d'œil. Métier du diplomate plurilingue qu'il fut... œil malin du romancier qu'il est devenu... peut-être aussi très enviable de l'élite slave : une intuition et une imagination qui laissent souvent les Occidentaux rationnels à quelques verstes en arrière. Je me souviens de l'auteur quand il était encore un trait d'union infatigable entre la France et son pays d'origine. Il a su alors être un de ceux qui ont accouché de nouvelles idées par lesquelles a fondu la banquise du régime totalitaire soviétique.

Depuis il a choisi de devenir un observateur et un auteur qui aime replacer les bouleversements de son pays continent dans une perspective séculaire et presque légendaire. Le style de Vladimir Fédorovski est vif et talentueux. Mais ce qu'il a à mes yeux de plus attachant en tant qu'auteur c'est qu'il est content, content d'être russe, content d'être en France, content de vivre une époque turbulente, content d'écrire. Cet état d'esprit qu'on retrouve chez lui est communicatif. Je suis persuadé que cela peut nous servir bien avant l'heure.

Cet ouvrage raconte le destin exceptionnel de deux sœurs qui ont traversé les tourments du XXe siècle, comme une flamboyante traînée de poudre mêlant l'amour à l'art et la poésie à la politique.

Émigrée après la Révolution, Tonia, l'aînée, s'intègre complètement en Occident et devient anglaise, plus qu'anglaise, l'amie de la reine et de Winston Churchill. Nastia, la cadette, demeurant très attachée à son pays pour des raisons mystiques, pousse son mari, diplomate, à devenir l'espion de Staline. Ce récit est d'une étonnante actualité car il met en scène l'éternel débat des racines et de la liberté.

On retrouve là une illustration tout à fait contemporaine et tragique, qui consacre la valeur du métissage culturel. Ce monde haut en couleurs mêlant le personnage réel et imaginaire, revient ici nourri de mémoire et de témoignages inédits en brossant une immense fresque qui court de la révolution de 1917 aux retrouvailles de deux Europe lors de la chute du mur de Berlin.

Mais ce roman est tout d'abord une magnifique histoire d'amour. Les deux sœurs présentent, au fil des personnages et des situations, les figures majeures des liens qu'entretiennent les hommes et les femmes : le coup de foudre initiatique entre la tsarine et le jeune comte Zadonski, infidélité douce et amère, sans parler d'une fusion portée vers l'absolu, que la sœur cadette Nastia ne rencontrera que tardivement avec un jeune homme qui pourrait être son fils. Chacune et chacun peut se retrouver au sein de ce panorama. La quête de l'amour absolu et l'énigme de l'inspiration sont toujours éclairées dans cette fresque par les maximes de la Grande Catherine, léguées aux héroïnes du roman par leur ancêtre qui fut un des favoris de l'impératrice.

L'auteur a mené une longue enquête dans les archives de la Fédération de Russie pour mettre au point ces maximes. Assumer, aller jusqu'au bout, compartimenter, savoir oublier, mentir et ne pas mentir, défier l'âge et surtout être heureuse malgré tout. Ce sont des conseils non seulement pour les deux sœurs mais aussi pour les femmes d'aujourd'hui, avec ce désir de l'absolu qui, semble-t-il, déterminera le monde de demain.

CHRISTIAN MAKARIAN
L'Express, *6 février 2003, à propos du* Roman
de Saint-Pétersbourg *(éditions du Rocher).*

Secrets d'alcôve, intrigues, faits d'armes et bons mots : Vladimir Fédorovski choisit la légèreté pour raconter la Venise du Nord. Divertissant !

Une histoire de fous ! Pour retracer l'épopée de Saint-Pétersbourg, qui fête cette année ses 300 ans, on n'attendait pas vraiment ces quelque 270 pages signées Vladimir Fédorovski. À dire vrai, l'ancien diplomate, parfaitement francophone (il en est à son quatorzième livre publié en France), ne s'est pas cassé la tête et ne risque pas de prendre celle du lecteur. Mais voici que la promenade devient un succès. Fleurant la moisson de livres savants consacrés pour la circonstance à l'ancienne capitale des tsars (voir *L'Express* du 19 décembre 2002), le Russe le plus médiatique de Paris a habilement choisi les secrets d'alcôve, les hauts faits d'armes et les bons mots pour nous offrir un livre divertissant, qui se lit, en effet, comme un roman.

Au fil des pages, on suit sans mal le délire autocratique qui a présidé à la fondation de cette cité quasi lacustre, surgie des marais malsains de la Neva. On court du lit de la Grande Catherine à la garde-robe de Nicolas II, en passant par une succession d'exécutions capitales, de nuits d'amour et d'excès en tout genre. Jusqu'à ce que Petrograd devienne Leningrad. Jusqu'à ces années de plomb inaugurées par Vladimir Oulianov (Lénine), durcies par Iossif Djougachvili (Staline), portées au sommet de la souffrance par la Seconde Guerre mondiale et ses 800 000 morts. Pétersbourg ou l'âme torturée de la Russie. On y croise le fantôme d'un colosse nommé Pierre le Grand (« Ce qu'il mangeait et buvait en deux jours est inconcevable », écrira à son sujet Saint-Simon), la silhouette de Catherine II cherchant du regard l'amant Potemkine, le souvenir de Pouchkine tué au cours d'un duel par un Français qui convoitait sa femme, et tant d'autres personnages ou situations aussi dramatiques que cocasses.

Fédorovski multiplie anecdotes et détails, nous laissant au final une sorte de petite histoire de la grande capitale. Avec, pour conclusion, une pensée de Custine, datée de 1839 mais toujours vraie en 2003 : « Saint-Pétersbourg, avec sa magnificence et son immensité, est un trophée élevé par les Russes à leur puissance à venir. »

PIERRE VAVASSEUR

Le Parisien, *4 février 2003, à propos du* Roman
de Saint-Pétersbourg *(éditions du Rocher).*

Les grands écrivains se reconnaissent à ce qu'ils font
voyager le lecteur dans l'espace, dans l'histoire, dans les
sentiments. Ancien diplomate, Vladimir Fédorovski en
est une figure incontestable, une bataille d'images à lui
tout seul.

Sous sa plume, les mots avancent en rangs serrés et
colorés : il a réussi à marier désordre, grandeur et roman-
tisme. Quatorzième récit de Fédorovski, *Le Roman
de Saint-Pétersbourg* évoque la formidable grandeur,
l'infinie beauté, coupante parfois, ruineuse, toujours
puissante, d'une ville qui est la sœur embijoutée de Moscou. Saint-Pétersbourg, sauvage, aristocrate, berceau des
empereurs et de leurs folies, des princes et des écrivains
(Pouckine, Dostoïevski, Balzac...) est une sorte de Paris
russe où il faut, si l'on est passionné, emmener sa
compagne, emmitouflée de toque et d'amour. L'un des
plus beaux passages est celui consacré au poète Maïakovski, vers la fin de cet ouvrage que Fédorovski termine par
un guide illustré de lieux incontournables.

DANIEL VERNET

Le Monde, *3 septembre 2003*

Comment un diplomate soviétique, interprète de Brejnev, devient porte-parole du Mouvement pour les
réformes démocratiques dans l'URSS finissante, puis de

Boris Eltsine quand celui-ci, juché sur un char, s'opposait au putsch des communistes, puis professeur à HEC-Paris et auteur de romans historiques à succès : c'est l'histoire de Vladimir Fédorovski.

Aujourd'hui, Fédorovski vit entre Paris et Deauville. Il a acquis la nationalité française en 1995, grâce à l'intervention de Jacques Chirac, qui n'avait pas oublié le collaborateur de son ami Boris Eltsine. Chargé de cours à HEC, où il donne deux séminaires – l'un sur « L'histoire secrète de la guerre froide », l'autre, plus économique, sur « Dangers et opportunités à l'Est » –, Fédorovski est aussi conseiller au Mémorial de Caen, pour la période de la guerre froide. C'est un auteur prolifique, qui sait allier la précision de l'historien à l'art narratif du romancier – qu'il s'intéresse aux égéries russes, aux ballets, aux tsarines, à Raspoutine ou à Saint-Pétersbourg.

Il commence à écrire dès son adolescence, à Moscou, où il est né en 1950. Il veut être écrivain. Il admire Ivan Bounine (1880-1953), le premier Russe à avoir eu le prix Nobel de littérature, alors qu'il était en exil en France en 1933 ; Valentin Kataïev (1897-1986), qui publia les poètes Bela Alchmadoulina et Evgueni Evtouchenco dans sa revue *Iounost;* et Guy de Maupassant. Il écrit quelques nouvelles, qui n'ont pas été traduites en français. Son père meurt des suites de blessures de guerre. Il entre comme étudiant à l'Institut des relations internationales : sa première vie commence. Pour être admis dans cette institution, qui forme les diplomates, les journalistes, les experts du pouvoir soviétique, il fallait appartenir à la nomenklatura ou à une famille méritante. Le recteur est un camarade de guerre du père de Vladimir. À la fin des années soixante, Fédorovski suit des études d'anglais, de français et d'arabe ; cela lui vaut d'être nommé à l'ambassade soviétique en Mauritanie. « C'était une chance, se souvient-il, parce que, dans ce pays ne représentant pas une grande valeur stratégique pour l'URSS, la pression idéologique était moins forte.» À Nouakchott, il croise Jean-Christophe Mitterrand, correspondant de l'AFP, qui lui présentera son père. Ses connaissances en arabe le propulsent aux côtés de Leonid Brejnev, secrétaire général du PC soviétique de 1964 à 1982. Il est son interprète pour des entretiens avec Saddam Hussein, qui lui a fait part de son admiration pour Staline lors de visites en URSS. Après quelques années de bons et loyaux services, Brejnev lui demande quel poste l'intéresserait. Ce parfait francophone se retrouve attaché culturel à Paris. «J'avais une position particulière, raconte-t-il, parce que mes collègues – et l'ambassadeur – savaient que j'avais approché le "tsar". De plus, les "culturels" avaient le privilège de pouvoir fréquenter des gens que ne voyaient pas d'ordinaire les diplomates.»

Il se lie d'amitié avec le poète et chansonnier Boulat Okoudjava, voix discordante dans la grisaille brejnevienne. Après une visite d'Okoudjava, l'ambassadeur Tchervonienko signe un télégramme laissant entendre que le chanteur ne s'était pas conduit comme un bon citoyen soviétique à l'étranger, ce qui valait au moins une interdiction de sortir d'URSS. «Mais la famille de Brejnev aime beaucoup les chansons d'Okoudjava», dit Fédorovski à Tchervonienko; celui-ci rappelle son télégramme.

Fédorovski écrit toujours des nouvelles, tout en passant une thèse de doctorat sur le rôle des cabinets dans l'histoire de la diplomatie française (publiée en français aux Éditions de l'Académie diplomatique). Puis il rentre à Moscou, au ministère des Affaires étrangères (MID), comme chef de cabinet du vice-ministre Petrovski, qui écrit les discours de Brejnev et du ministre Gromyko. Il est, surtout, un ami d'Alexandre Yakovlev, ancien chef de la propagande, en exil doré à l'ambassade soviétique à Ottawa, qui jouera un rôle déterminant dans la perestroïka.

En 1985, Mikhaïl Gorbatchev arrive au sommet du pouvoir, et Fédorovski se retrouve conseiller d'ambassade à Paris, comme un de ces jeunes diplomates « qui se posent des questions ». Il est en train de rompre avec le triple langage qu'il devait tenir. « Le problème est de discerner le discours qui dit le vrai par rapport à soi-même. » Il commence à comprendre que la réforme du système n'est pas possible.

Écrivain français
En 1990, un camarade de l'institut qui deviendra le premier ministre des Affaires étrangères de la Russie elt-sinienne, Andrei Kozyrev, vient à Paris en sa qualité de directeur des affaires politiques du MID. Il le met en garde contre le caractère velléitaire de Gorbatchev et lui vante les mérites de Boris Eltsine. En privé, Edouard Chevardnadze, qui est encore pour quelques semaines le chef de la diplomatie de Gorbatchev, dit la même chose. Fin 1990, le Mouvement pour les réformes démocratiques est créé. Depuis Paris, Fédorovski démissionne du service diplomatique.

Sa deuxième vie commence. Elle ne durera que quelques mois. Il devient le porte-parole du Mouvement qui soutient Eltsine. Après le putsch manqué de 1991, il écrit avec Ulysse Gosset, correspondant à Moscou de Radio France et de TF1, *L'Histoire secrète d'un coup d'État* (Lattès, 1991, épuisé). Mais il déchante vite. Le Mouvement pour les réformes démocratiques, hétéroclite, ne résiste pas à l'arrivée au Kremlin de son héraut, Boris Eltsine.

Pour sa troisième vie, Vladimir Fédorovski a retrouvé

Paris, d'où il regarde avec un mélange de sympathie et de souffrance l'évolution de la Russie. Depuis 1991, il écrit ses livres directement en français. Il a gardé des liens étroits avec Alexandre Yalovlev, qu'il cite parmi *« les hommes de l'ombre »* (sous-titre de *De Raspoutine à Poutine*, Perrin, 2001), mais il le décrit plutôt comme un starets, un de ces hommes d'Église que Dostoïevski définissait ainsi : « Celui qui prend la volonté d'autrui entre ses mains et le guide vers la lumière. »

À Paris, Vladimir Fédorovski prépare son seizième livre, *Le Roman du Kremlin,* des origines au « tsar » actuel, sur lequel il jette un regard critique. Longtemps, on lui a déconseillé de retourner en Russie. Il y est allé au printemps avec son *Roman de Saint-Pétersbourg* (Éditions du Rocher, 2003). Les trois cents ans de la ville de Pierre valent bien un pardon.

Chronologie

1924-1953 : Staline dirige l'Union soviétique.
1950, 27 avril : Naissance de Vladimir Fédorovski à Moscou.
1953-1964 : Khrouchtchev dirige l'Union soviétique.
1957, 1ᵉʳ septembre : Première rentrée scolaire pour le petit Vladimir.
1964-1982 : Brejnev dirige l'Union soviétique.
1967 : Fédorovski entre à l'Institut des relations internationales, le Mgimo.
1972 : Fédorovski entame sa première année de carrière diplomatique. Il est envoyé en poste en Mauritanie au titre d'attaché de l'ambassade soviétique, à Nouakchott.
1976 : Retour à Moscou.
1976-1978 : Fédorovski est nommé deuxième secrétaire du premier département africain du ministère des Affaires étrangères. À la demande de Brejnev, il devient interprète du Kremlin pour la langue arabe.
1978-1982 : Fédorovski est attaché culturel à l'ambassade d'URSS à Paris.
1979, décembre : Intervention de l'armée soviétique en Afghanistan.
1982-1985 : Retour à Moscou où Fédorovski est nommé

220

chef de cabinet du directeur général des organisations internationales du ministère des Affaires étrangères.

1985, mars : Gorbatchev, secrétaire général du PCUS, lance la perestroïka.

1985-1991 : Fédorovski retourne à Paris où il est conseiller de l'ambassade, chargé de promouvoir la perestroïka.

1988-1989 : Retrait des troupes soviétiques d'Afghanistan.

1989 : Élections à candidatures multiples en URSS.

1990 : Instauration d'un régime présidentiel en URSS.

1991, janvier : Fédorovski rentre à Moscou et quitte la carrière pour être cofondateur et porte-parole du mouvement démocratique en Russie.

1991, mars : Gorbatchev est élu président de l'Union.

1991, juin : Eltsine, président de la Fédération de Russie. Les habitants de Leningrad choisissent de reprendre pour leur ville le nom de Saint-Pétersbourg.

1991, 19-21 août : Tentative de putsch contre le président Gorbatchev.

1991, décembre : Fin de l'URSS.

1992 : Les Fédorovski quittent Moscou pour s'installer à Paris. La troisième vie de Vladimir commence. Il est journaliste. La carrière littéraire suivra.

1996, juin : Réélection d'Eltsine à la présidence de la Fédération de Russie.

2000, mars : Poutine est à la présidence de la Fédération de Russie.

2003 : À l'occasion du tricentenaire de la ville de Pierre, Fédorovski publie *Le Roman de Saint-Pétersbourg*.

2004 : Prix Louis-Pauwels et prix du meilleur document de l'année pour *Le Roman du Kremlin*.

2006 : Prix André Castelot pour *Le Roman de l'Orient-Express*.

2007 : *Le Fantôme de Staline*.

2008 : Fédorovski, prépare son 21e livre *Le Roman de*

l'âme slave où nous retrouverons Diaghilev, Chanel, Picasso, Matisse, leur élans et leurs amours; ainsi qu'un spectacle, *La magie des Ballets russes*, avec son ami Michael Rudy, célèbre dissident et pianiste mondialement connu.

Remerciements

Merci à tous ceux qui connaissent bien Vladimir Fédorovski de m'avoir aimablement accordé un peu de
temps. Leurs sources me furent précieuses. Je remercie
M. Alexandre Yakovlev, idéologue de la perestroïka, disparu aujourd'hui, qui m'a incitée à réaliser ce projet,
ainsi que mon beau-frère Gonzague Saint Bris qui m'a
présenté M. Fédorovski. Ma gratitude va également à
Alexandre Adler, Jean-Claude Servan Schreiber, Pierre
Argillet, Christiane Beaugelin, André Tomaso, Michel
Gurfinkiel, Georges Vladut et au regretté Vladimir
Volkov.

Je tiens aussi à exprimer ma reconnaissance aux écrivains et journalistes qui ont couvert les événements
de ces années charnières en Russie, notamment les
jours cruciaux du putsch d'août de 1991, et ont filmé
et interviewé Vladimir, en particulier Ulysse Gosset,
Pierre Marie Christin, (à l'époque à RTL, aujourd'hui
à Europe 1), Christine Ockrent (sur France 2, aujour-
d'hui sur France 3), Bernard-Henri Lévy pour *Le Point*.
Aux hommes de lettres et journalistes qui ont brossé des
portraits de M. Fédorovski dans la presse française et
internationale, en particulier Irina de Chikoff du *Figaro*,
Daniel Vernet du *Monde*, Gilles Martin Chauffier de

223

Paris Match, Jacques Gantié de *Nice-Matin,* Jean-Louis Servan-Schreiber de *Psychologie,* François Guillaume Lorain du *Point,* Christian Makarian de *L'Express.*

Je sais gré pour leurs « confidences » à Vladimir Fédorovski ainsi qu'à ses proches qui m'ont largement ouvert les archives familiales, en particulier sa mère, Natalia Petrovna, sa femme Irina et sa belle-mère, ainsi que ses amis d'enfance et ceux qui m'ont donné des informations essentielles, mais ont préféré rester anonymes.

Merci enfin à mon éditeur qui a permis la réalisation de ce projet.

Table des matières

Cet ouvrage a été composé et imprimé par la
SOCIÉTÉ NOUVELLE FIRMIN-DIDOT
Mesnil-sur-l'Estrée
pour le compte des Éditions du Rocher
en janvier 2008

Éditions du Rocher
28, rue Comte-Félix-Gastaldi
Monaco

Imprimé en France
Dépôt légal : février 2008
N° d'impression : 87915